国家示范性高等职业院校建设计划项目

路桥施工技能实训指导

主　编　李小慧
参　编　颉明军　李淑娟　林　敏
主　审　王秀花

北京理工大学出版社
BEIJING INSTITUTE OF TECHNOLOGY PRESS

内 容 简 介

本书比较系统地介绍了路桥施工技能培养目标、任务、教学结构体系、实训基地建设、实训规章制度，扼要阐述了课堂技能训练、课外技能训练和校外技能训练的内容。

本书可作为交通类高职高专院校道路与桥梁工程技术专业的使用教材。

图书在版编目（CIP）数据

路桥施工技能实训指导/李小慧主编．—北京：北京理工大学出版社，2010.5
ISBN 978-7-5640-3094-0

Ⅰ．①路… Ⅱ．①李… Ⅲ．①道路工程－工程施工②桥梁工程－工程施工 Ⅳ．①U415②U445

中国版本图书馆 CIP 数据核字（2010）第 042266 号

出版发行 / 北京理工大学出版社
社　　址 / 北京市海淀区中关村南大街 5 号
邮　　编 / 100081
电　　话 / (010)68914775(办公室)　68944990(批销中心)　68911084(读者服务部)
网　　址 / http：/ /www．bitpress．com．cn
经　　销 / 全国各地新华书店
印　　刷 / 天津紫阳印刷有限公司
开　　本 / 787 毫米×1092 毫米　1/16
印　　张 / 8
字　　数 / 183 千字
版　　次 / 2010 年 5 月第 1 版　2010 年 5 月第 1 次印刷
印　　数 / 1～4000 册　　责任校对 / 陈玉梅
定　　价 / 18.00 元　　责任印制 / 边心超

前　言

本书是根据今年最新颁布的道路和桥梁工程的有关设计施工规范和标准进行编写的。全书分为两大篇共17章，分别讲述了路桥施工技能实训总则和具体的路桥施工技能实训内容。

本书的编写原则是：

(1) 加强基础，确保后劲。在内容安排上，保证学生有较厚实的基础，满足高职教学的基本要求，使学生日后发展具有较强的后劲。

(2) 突出特色，强化应用。本书的内容、结构遵循"知识新、结构新、重应用"的方针。教材内容的要求概括为“精”“新”“广”“用”。“精”指在融会贯通"交通土建"教学内容的基础上，挑选出最基本的内容、方法及典型应用实例；“新”指将本学科前沿的新技术、新成果、新应用、新标准、新规范纳入教学内容；“广”指在保证本学科教学基本要求前提下，引入与相邻及交叉学科的有关基础知识；“用”指注重基础理论与工程实践的融会贯通，特别是注重对工程实例的分析能力的培养。

(3) 抓住重点，合理配套。以公路工程教育的专业基础课、专业课为重点，做好实践教材的同步建设，做好与之配套的电子课件的建设。

本书参编人员分工如下：内蒙古建筑职业技术学院李小慧编写第一篇、第二篇的第1章、第2章、第4章、第5章、第6章、第7章、第9章、第10章、第11章、第12章；内蒙古建筑职业技术学院颉明军编写第二篇的第8章；内蒙古建筑职业技术学院李淑娟编写第二篇的第3章。李小慧任本书主编并负责全书的统稿工作。内蒙古建筑职业技术学院王秀花教授担任本书主审。内蒙古城市规划市政设计研究院高级工程师林敏给予了编写上的指导。

本书在编写过程中，得到了内蒙古建筑职业技术学院建筑工程系和路桥教研室的帮助，在此致以诚挚的谢意！

本书编写过程中，虽经推敲核证，但限于编者的专业水平和实践经验，仍难免有疏漏或不妥之处，恳请广大读者指正。

编　者

目　录

第一篇 路桥施工技能实训总则

第1章 技能实训培养目标

1.1 培养目标

高等职业教育道路与桥梁工程技术专业技能实训主要是培养具有良好的思想素质和专业道德、专业基础知识扎实、专业技能和职业能力强、综合素质高，能在交通工程建设第一线“下得去、信得过、留得住、用得好”的交通土建类高素质技能型人才。

1.2 培养规格

1.2.1 基本素质

（1）政治素质。政治素质是指热爱党、热爱祖国；树立正确的世界观、人生观、价值观；具有明辨是非的能力。

（2）思想道德素质。思想道德素质是指忠于职守、诚实守信、吃苦耐劳的职业道德和法律意识。

（3）身心素质。身心素质是指健康的身体、积极向上的乐观心态和较强的适应能力。

1.2.2 通用能力

（1）掌握本专业必需的文化科学知识，掌握本专业必需的基本理论、基本专业知识和基本实践技能。

（2）综合运用知识分析并解决实际问题的能力。

（3）安全、文明生产意识。

（4）组织管理、协调能力。

（5）与人交往和沟通的能力。

1.2.3 专业技能

（1）应用施工图的能力。

（2）计算土石方数量的能力。

（3）熟练应用测量仪器的能力，包括全站仪、经纬仪、水准仪等。

（4）外业施测能力，包括各种方法与步骤。

（5）内业数据的计算能力。

（6）完成路基施工各项测量工作的能力。

（7）进行路基工程相应的试验检测能力。

（8）完成路基工程施工各项任务的能力。

（9）合理选用设备施工机具的能力。

（10）施工机械搭配调整分析的能力。

（11）完成桥梁施工各项测量工作的能力。

(12) 竣工验收与质量控制的能力。

第2章 技能实训任务

(1) 通过技能实训，培养学生理论联系实际能力。理论联系实际能力的培养要贯穿于各个教学阶段，特别是通过一定的实践技能培训，验证、巩固并扩展其所学的理论知识，使学生具有运用理论去解决实际问题的能力。

(2) 培养学生综合运用所学专业知识和所掌握的实践技能进行实际工作的能力。

(3) 培养训练从事实际工作所必需的基本实际操作技能。如技术员、施工员等技能必须达到一定的熟练程度，形成初步的技术经验。

(4) 在技能实训的实践教学过程中，必须注重学生精神文明的培养和身体素质的提高。

第3章 技能实训的教学结构体系

技能实训的教学结构体系有课堂技能训练教学结构体系、课外技能训练教学结构体系、校外技能训练教学结构体系和课外岗位技能培训教学四大教学结构体系。

3.1 课堂技能训练教学

课堂技能训练教学主要包括习题课、讨论课、实验课和实训录像课等，这是技能实训的重要组成部分，是对学生进行的最基本的技能训练。特别是录像课，它集中反映了当前我国比较先进的操作技能和先进的施工工艺，对提高学生的实践能力起着至关重要的作用。

3.2 课外技能训练教学

课外技能训练教学主要是在指导教师的指导下进行的大作业、综合练习、专项课程设计、毕业设计、答辩以及校内综合实训等实践技能教学活动。其中校内综合实训是指建立一校内实训基地，进行地质、道路勘测、实地选线、桥涵勘测等综合性实训。

3.3 校外技能训练教学

校外技能训练教学主要包括认识性实训、生产性实训、参观教学和企业顶岗实训等。

3.3.1 认识性实训

认识性实训是学生获得感性认识的主要实践教学环节。通过组织学生到施工现场参观调查，给学生以具体的、丰富的感知，激发学生学习专业知识的热情。

3.3.2 生产性实训

生产性实训是通过组织学生到施工工地，亲身体验各工种的操作技能训练，为进行施工管理打下坚实的基础。

3.3.3 参观教学

参观教学是在课堂教学中，对所讲授的一些内容亲临施工现场进行现场教学。这样更能直观地掌握所学内容，能理论联系实际，而且培养了学生的部分实践操作技能。

3.3.4　企业顶岗实训

企业顶岗实训是学生在毕业前的最后一次实践技能训练，本次实训主要进行基层管理人员技术与管理能力的训练，培养学生的组织能力和解决问题的能力。

3.4　课外岗位技能培训教学

课外岗位技能培训教学主要是进行基层技术管理人员的岗前技术管理能力培训，岗位包括预算员、施工员、质检员、安全员和测量员等。要求每位学生通过培训能获得1～2个岗位证书。

第4章　实训基地建设

4.1　实训基地建设的目的

高等职业教育应突出和强化实践技能训练和培养，加强学生的最基本实际操作技能训练，提高学生的操作技术能力、组织管理能力和动手能力。这就需要有一个系统的、完善的、稳定的、具有一定规模的实践技能训练场所。因此，要大力加强和扩大实训基地的建设。

4.2　实训基地建设

4.2.1　校内实训基地建设

校内实训场所有测量实训室，土工实训室，数据处理与资料中心，地质、路桥结构构造仿真实训室，道路材料检测与应用实训室，桥梁结构检测实训室，路基、路面实训室以及校内综合实训基地。道路实训基地应能完成路桥专业及相关专业的室内实验和现场实训项目。

4.2.2　校外实训基地建设

与企业合作建立稳定的校外顶岗实训基地，技术人员现场指导学生实训，学校与企业共同评定学生实训成绩。

第5章　实训规章制度

（1）实训前必须阅读有关教材及实训指导书，初步了解实训的目的、要求、内容、方法步骤及注意事项，以保证按要求完成实训任务。

（2）实训分小组进行，组长负责组织和协调小组工作，办理所用仪器工具的借领和归还。每位同学都必须仔细、认真地操作，培养独立工作的能力、严谨的科学态度，同时要发扬相互协作的精神。

（3）实训应在规定的时间和地点进行，不得无故缺勤、迟到或早退，不得擅自改变实训地点或离开现场。

（4）实训中，如出现仪器故障，应及时向指导教师报告，不可自行处理。若有损坏或遗失，先进行登记，查明原因后，视情节轻重，按学校有关条例给予适当赔偿和处理。

(5) 服从教师的指导，严格按照本书的要求，独立、认真、按时完成任务。每项实训都应取得合格的成果，提交书写工整、规范的实训报告或实训记录，经指导教师审阅同意后，方可交还仪器工具，结束工作。

(6) 在实训期间，应牢牢树立自我保护和安全防患意识，严格遵守操作规程，穿着规定的安全服装，若有违章操作，所造成后果自负。

(7) 在实训期间，应发扬不怕苦、不怕累、不怕脏的“三不怕”精神，克服懒惰思想，主动勤恳，敬业爱岗，认真负责，不耻下问，虚心听取工人师傅及实训指导教师的意见和指导。

(8) 在实训过程中，还应遵守纪律，爱护现场的花草、树木和农作物，爱护周围的各种公共设施，任意砍折、踩踏或损坏者应予以赔偿。

第二篇　路桥施工技能实训内容

第1章　路桥结构实训

1.1　实训目的

通过本结构实训，切实掌握钢筋混凝土结构设计原理的主要理论知识，培养设计动手能力。初步学会运用桥涵设计规范进行结构设计，估算工程材料数量，进一步掌握工程制图能力，为桥梁设计奠定基础。

1.2　实训资料

某装配式钢筋混凝土简支T梁，标准跨径 $L_k=20$ m，计算跨径 $L_k=19.5$ m，截面尺寸见图1-1；内力标准值计算结果见表1-1，结构重要性系数 $\gamma_0=1.0$；Ⅰ类环境；架立钢筋 HRB335（2Φ20），箍筋 HPB235。

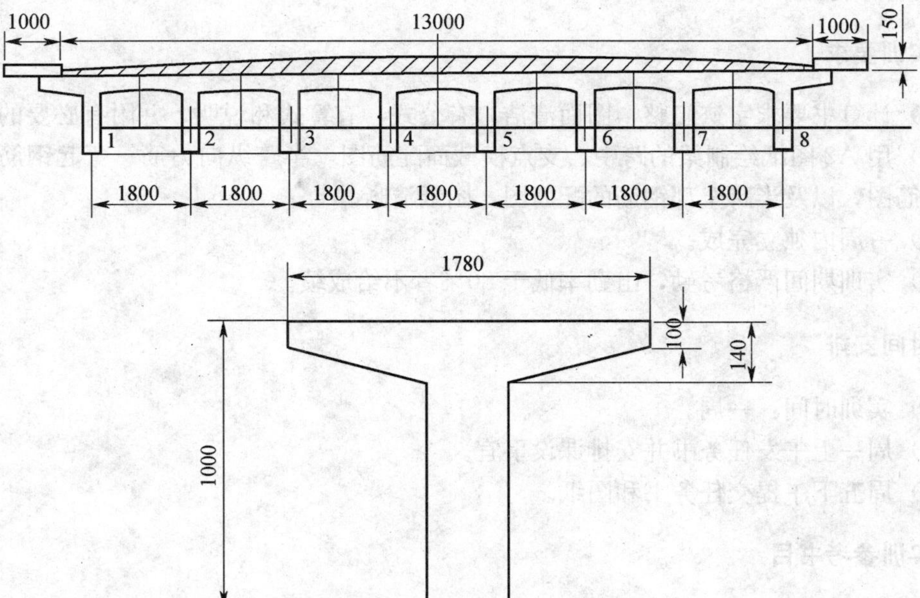

图1-1　装配式钢筋混凝土简支T梁的截面尺寸（单位：mm）

第一组：C25混凝土，纵向主筋 HRB335

第二组：C30混凝土，纵向主筋 HRB335

第三组：C25混凝土，纵向主筋 HRB400

第四组：C30混凝土，纵向主筋 HRB400

表 1-1 内力标准值计算结果

内力值＼引起内力的荷载	恒载	汽车荷载	人群荷载	备注
跨中弯矩/(kN·m)	827.54	707.56	63.64	汽车荷载引起的弯矩已计入冲击系数，$1+\mu=1.19$
支点剪力/kN	187.01	256.93	—	
跨中剪力/kN	—	81.67	—	

1.3 实训内容

(1) 对简支梁跨中正截面进行纵筋设计，并进行强度复核。

(2) 配置梁的箍筋和弯起钢筋。

(3) 对钢筋混凝土简支梁在正常使用极限状态下的应力、裂缝、挠度进行验算。

1.4 实训成果

(1) 简要设计计算说明书一份。

(2) A2 图纸一张。

1.5 实训要求

(1) 计算书要求字迹工整，图面清洁，有公式，有算式和说明，并附有必要的示意图。

(2) 用 A2 图纸绘制梁的跨中、支点横截面配筋图，半跨纵向力筋、弯起钢筋、架立钢筋的配筋图，以及半跨全部钢筋的配筋图，图纸清晰。

(3) 一周内独立完成。

(4) 实训期间严格考勤，出勤率低于 80%者不给成绩。

1.6 时间安排

(1) 实训时间：一周。

(2) 周一上午发任务书并安排课设事宜。

(3) 周五下午提交任务书和图纸。

1.7 实训参考书目

(1) 结构设计原理，邹花兰主编，黄河水利出版社。

(2) 公路桥涵设计通用规范（JTG D60—2004），人民交通出版社。

(3) 公路钢筋混凝土及预应力混凝土桥涵设计规范（JTG D62—2004），人民交通出版社。

1.8 成绩考核

实训结束后，根据学生出勤情况，实训过程中的表现以及实训成果进行成绩的评定。成绩按优、良、中、及格和不及格五级评定。

第2章 道路勘测设计实训

2.1 实训目的

本专业学生在学习完《道路勘测设计》这门课程后，通过本次设计实训使他们更加深刻地了解公路平、纵、横线形设计的要求，原则和依据。初步掌握路线布置的一般原则，各类地形布线的特点和需要解决的主要问题，特别是纸上定线的基本方法和内容，并且培养学生进一步熟悉应用和理解《公路工程设计技术标准》和《公路路线设计规范》的能力。

2.2 实训资料

1. 等高线地形图

比例1：2 000。

山岭重丘地区地形图（由指导教师提供）。

2. 交通量资料

该公路预计十五年末交通量为3 500辆。

3. 所在地区的气候、土壤、地质、水文等资料

据实地调查，路线所经山岭重丘地区土壤多为第四纪残积层土质，表层厚1 m，为黏性土，其土质密实；以下为岩石，岩石风化程度中等。

2.3 实训内容

（1）确定公路的技术等级和主要的技术标准。

（2）路线方案的拟订与比选。

（3）道路平面设计。

（4）道路纵断面设计。

（5）道路横断面设计。

2.4 具体做法指导

2.4.1 路线方案的拟订与比选

根据等高线地形图，采用纸上定线的方法，研究路线的可能方案，并经过比较论证确定最后路线方案。山区路线依照当地的地形、地貌和地质特征，可能有越岭线、沿溪线、山脊线和山腰线。可根据地形图研究可能的路线布局形式。一条公路因地形、地貌的不同，应分段选用的路线形式，互相接通。

对于沿溪线的选择，应注意以下几点：

（1）选择地形开阔、地质稳定、城镇多的河岸。

（2）选择适宜的线位高度。

（3）需换岸时，选择换岸过河的桥位。

对于越岭线，由于地面纵坡大，首要解决的问题为纵坡安排。主导坡度应参照《标准》

的“平均纵坡”规定：“二、三、四级公路越岭线的平均纵坡一般以接近5.5%（200 m<相对高差≤500 m）和5%（相对高差>500 m）为宜。并注意任意相连3 000 m路段的平均纵坡不宜大于5.5%。”因此越岭线的选择主要应注意以下问题：

（1）选择过岭垭口。

（2）确定垭口的切深。

（3）选择两侧展线的位置。展线又包括自然展线与回头展线。

对于山脊线，由于走向明确，线位较高，其选线主要解决的问题是如何选择连贯的山脊控制。

2.4.2 道路的平面设计

根据拟定的路线方案，进行详细的精确定线，按交点和偏角结合地形、地貌确定平曲线半径，并计算平曲线要素。同时应满足如下要求：

（1）平曲线半径应大于一般最小半径，特别困难地段才可采用极限最小半径；当半径大于不设超高的最小半径时，可不设缓和曲线。

（2）平曲线的最小长度应大于6 s行程。带有缓和曲线的平曲线，缓和段长度：圆曲线长度：缓和段长度＝1∶1∶1为好，整个平曲线的长度以9 s行程为宜。

（3）直线段的长度，在同向曲线之间最小长度为6 V；如不能满足，可把同向曲线合并为单曲线或复曲线。在反向曲线之间的最小长度为2 V；如不能满足，可把反向曲线合并为S形曲线。

（4）缓和曲线的最小长度应满足3 s行程，并同时考虑控制离心加速度的变化率在一定范围内以及满足超高渐变率的要求。

（5）保证平面视距的要求。定线完成后标注主点桩号及里程桩号。

2.4.3 道路纵断面设计

纵断面上有两条线：地面线和设计线。对于二、三、四级公路，设计线的标高是指路基边缘的标高。纵断面设计包括：纵坡设计及竖曲线设计。

1. 纵坡设计的要求

（1）为有利于行车，最大纵坡不超过规范规定值，寒冷积雪地区不超过6%。

（2）为有利于排水，最小纵坡不低于0.5%。

（3）在有超高的路段，合成纵坡不超过规范规定的最大和最小。

（4）对于陡坡，应满足最大坡长限制，连续陡坡之间应加不超过3%的缓和坡段，同时也应满足最小坡长的限制。

2. 竖曲线设计的要求

（1）竖曲线半径应大于一般最小半径，多采用极限最小值的1.5～2.0倍。

（2）曲线的最小长度应为3s行程。

（3）同向竖曲线应避免出现“断臂曲线”。

（4）反向竖曲线，一般由直坡段连接，也可径相连接。

2.5 实训成果

（1）路线平面图一张（1∶2 000）。

（2）路线纵断面图一张（横1∶2 000，纵1∶200）。

(3) 路线横断图（1：200）。

(4) 简要设计计算说明书一份。

(5) 路基设计表，直线、曲线一览表，路基土石方计算表。

2.6　实训要求

(1) 一周内独立完成。

(2) 图纸应严格按照道路工程制图要求绘制，文字说明简明扼要，设计说明书书写工整。

(3) 实训期间严格考勤，出勤率低于80%者不给成绩。

2.7　时间安排

(1) 实训时间：一周。

(2) 周一上午发任务书并安排课设事宜。

(3) 周五下午提交任务书和图纸。

2.8　实训参考书目

(1) 公路勘测设计，蔡龙成主编，黄河水利出版社。

(2) 公路路线设计规范（JTG D20—2006），人民交通出版社。

(3) 公路工程设计技术标准（JTJ 001—1997），人民交通出版社。

2.9　成绩考核

实训结束后，根据学生出勤情况、实训过程中的表现以及实训成果进行成绩的评定。成绩按优、良、中、及格和不及格五级评定。

第3章　路基路面设计实训

3.1　路基边坡稳定性设计

3.1.1　实训目的

通过本次实训，要求掌握确定最危险圆心辅助线的方法和圆弧法确定边坡稳定性的步骤。

3.1.2　实训资料

已知某路基横断面，高 $H=8$ m，路基宽 $B=9$ m，边坡1：1.5，护坡道为1 m，车辆等代土层厚度为1 m，路基填料均为轻质亚黏土，根据实验得土的黏结力为20 kPa、内摩擦角为30°、土的表观密度18.5 kN/m³。试根据所给条件拟定路基横断面形式，并验算该路基边坡是否稳定。

3.1.3　实训方法和实训内容

用A3方格纸以1：200的比例绘出路堤横断面，并按4.5 H法确定圆心辅助线，找出最危险的圆心，试分析其边坡稳定性。

3.1.4 实训要求

(1) 整个设计应符合设计要求。

(2) 设计、计算过程条理清晰，内容完整。

(3) 设计图清晰、线条均匀。

3.1.5 时间安排

(1) 实训时间：一周。

(2) 周一上午发任务书并安排课设事宜。

(3) 周五下午提交任务书和图纸。

3.1.6 实训参考书目

路基路面工程，邓学钧主编，人民交通出版社。

3.2 挡土墙设计

3.2.1 实训目的

通过实训掌握重力式挡土墙的设计方法和设计内容。

3.2.2 实训资料

1. 墙身结构

拟采用浆砌片石重力式路肩墙，墙高 $H=6$ m，墙背俯斜 1∶0.27($\alpha=15°$)，墙面 1∶0.05；初拟墙顶宽 0.8 m，基底倾斜 1∶5($\alpha_0=11°$)，已确定挡土墙全长为 40 m。

2. 土壤地质情况

墙背填土表观密度 $\gamma=18$ kN/m^3，内摩擦角 $\varphi=35°$。填土与墙背间摩擦角 $\delta=\varphi/2$，黏性土地基，容许承载力 $f=250$ kPa，基底摩擦系数 $\mu=0.30$。

3. 荷载组合

公路—Ⅱ级。

4. 地基条件

地基为中等密实度砾石土，容许承载力为 330 kPa，容许偏心距 $e=B/6$，基底摩擦系数 $\mu=0.4$。

5. 墙后填料

采用当地材料，单位体积表观密度为 $\gamma=18$ kN/m^3，$\varphi=35°$。

6. 墙身材料

采用 5# 砂浆砌片石，$\gamma_a=22$ kN/m^3，外摩擦角 $\delta=\varphi/2=17.5°$，材料容许压应力为 1 076 kPa；容许剪应力为 156.8 kPa。

7. 基础及稳定系数

采用一般基础形式，冰冻深度为 0.25 m。抗滑动稳定系数 $[k_c]=1.3$，抗倾覆稳定系数 $[k_0]=1.5$。

8. 土压力

$E_a=211.97$ kPa，$Z_y=2.67$ m。

3.2.3 实训方法与实训内容

(1) 验算其整体抗滑动稳定性。

(2) 验算其倾覆稳定性。

(3) 验算基底应力及偏心距。

(4) 验算墙身截面强度 (1/2 *H* 处)。

3.2.4 实训要求

(1) 整个设计应符合设计要求。

(2) 整理设计计算资料，编写设计说明文件。

(3) 设计、计算过程条理清晰，内容完整。

3.2.5 实训参考书目

(1) 公路路基设计规范 (JTG D30—2004)，人民交通出版社。

(2) 路基路面工程，邓学钧主编，人民交通出版社。

3.3 沥青路面设计

3.3.1 实训目的

通过课程设计，进一步加深对所学基本理论知识的理解和掌握，完善理论和实践的衔接；熟悉路基路面设计的基本内容和程序，了解和熟悉现行的国家行业标准和规范。

3.3.2 实训资料

1. 实训任务要求

某公路设计等级为高速公路，设计基准年为 2003 年，交通量年增长率为 8%，设计使用年限为 20 年，拟采用沥青路面结构，需进行路面结构设计。

2. 设计资料

该公路处于Ⅶa 区 (属平原微丘区)，当地沿线碎石产量丰富，石料质量良好，可考虑用水泥稳定石屑作基层，路段所处的土基强弱悬殊，其计算回弹模量，有两个代表值分别为 30 MPa 和 60 MPa。沿线有多个石灰厂，石灰产量大、质量高。另外，附近发电厂粉煤灰储量极为丰富，可用于本项目建设。本项目所在地域较缺乏砂砾。

3. 交通资料

根据工程可行性研究报告得知近期交通组成与交通量，见表 3-1。

表 3-1 近期交通组成与交通量

车型	解放 CA—10B	黄河 JN—150	东风 EQ—140	跃进 NJ—230	上海 SH—130	日野 KB—211	日野 KF300D	交通 SH—361	太脱拉 138 L10
每日交通量/辆	375	290	387	220	350	250	400	300	320

3.3.3 实训方法与实训内容

要求根据以上设计资料，首先确定路面类型，然后拟定至少两个方案进行比选，对沥青路面计算确定路面的各层厚度，并验算层底弯拉应力指标，路面材料的设计参数详见教材和相关规范设计手册。本着因地制宜、就地取材的原则，选择合理的路基横断面形式和边坡坡度，并采取有效的防护措施，确保路基的强度和稳定。设计内容如下：

(1) 设计计算书。

(2) 路面结构方案图。

3.3.4 实训要求

在规定的设计时间内认真、独立地完成课程设计，提交真实的设计成果。

3.3.5 设计依据

高速公路全线按六车道高速公路标准设计行车道、路缘带、中间带、硬路肩和土路肩。路基宽度为 35.0 m，双向三车道 2 m×3 m×3.75 m，中间分隔带宽度为 3.0 m，左侧路缘带宽为 0.75 m，右侧硬路肩总宽为 3.25 m，土路肩宽为 0.75 m，计算行车速度为 100 km/h。

3.4 水泥混凝土路面设计

3.4.1 实训目的

通过实训，进一步加深对所学基本理论知识的理解和掌握，完善理论和实践的衔接；熟悉路基、路面设计的基本内容和程序；了解和熟悉现行的国家行业标准和规范。

3.4.2 实训资料

某地区一级公路拟建水泥混凝土路面，设计为四车道，路基宽 25.5 m，行车道宽 15 m，设置中间带，路基处于中湿状态，土基的回弹模量取 42 MPa。交通量年平均增长率为 5%。经调查和预测使用初期公路上的交通组成，见表 3-2。

表 3-2 初期公路上的交通组成

<table>
<tr><th colspan="2">车型</th><th>轴重/kN</th><th>轴数</th><th>每日交通量/辆</th></tr>
<tr><td colspan="2">解放 CA−500</td><td>68.2</td><td>1</td><td>500</td></tr>
<tr><td colspan="2">东风 EQ−140</td><td>69.2</td><td>1</td><td>2 000</td></tr>
<tr><td rowspan="2">黄河 JN−360</td><td>前轴</td><td>59.5</td><td>1</td><td rowspan="2">200</td></tr>
<tr><td>后轴</td><td>115</td><td>1</td></tr>
<tr><td rowspan="2">黄河 JN−162</td><td>前轴</td><td>50</td><td>1</td><td rowspan="2">100</td></tr>
<tr><td>后轴</td><td>2×11</td><td>2</td></tr>
<tr><td rowspan="2">交通 SH−361</td><td>前轴</td><td>60</td><td>1</td><td rowspan="2">200</td></tr>
<tr><td>后轴</td><td>2×110</td><td>2</td></tr>
<tr><td rowspan="2">太脱拉 138L10</td><td>前轴</td><td>51.4</td><td>1</td><td rowspan="2">150</td></tr>
<tr><td>后轴</td><td>2×80</td><td>2</td></tr>
</table>

3.4.3 实训方法与实训内容

确定水泥混凝土路面板的厚度时，采用以混凝土材料的弯拉强度作为其设计技术标准，在考虑可靠度因素影响的情况下，使控制行车荷载反复作用在板内所产生的荷载疲劳应力与温度梯度反复作用在板内产生的温度疲劳应力之和，不超过混凝土的弯拉强度。并参照教材和《公路水泥混凝土路面设计规范》(JTG D40—2002) 的设计方法，设计以下内容：

(1) 设计混凝土路面的各结构层，确定其回弹模量和厚度。

(2) 设计混凝土路面板的平面尺寸和各种接缝构造。

(3) 设计混凝土路面板的厚度。

3.4.4　设计要求

在规定的设计时间内认真、独立地完成以下设计成果：

(1) 水泥混凝土路面的横断面图、各结构层组成图。

(2) 水泥混凝土路面的分块图、接缝构造图。

(3) 确定水泥混凝土路面板厚度的计算书。

3.4.5　实训参考书目

公路水泥混凝土路面设计规范（JTG D40—2002），人民交通出版社。

说明：该实训任务指导书四部分中题目不单一，由任课老师选择使用其中一道或多道题目作为该部分的实训任务。

第4章　桥梁工程设计实训

4.1　实训目的

通过本次实训，切实掌握《桥梁工程》的主要理论知识，对中、小型桥梁的构造原理和设计计算方法有进一步的理解；培养设计动手能力，对桥涵设计规范的运用更加熟练，能独立完成钢筋混凝土梁桥设计。

4.2　实训资料

4.2.1　桥位断面图

桥位断面图由指导教师给定。

4.2.2　结构形式

结构形式为多跨简支钢筋混凝土T形梁桥。

4.2.3　桥面净空

桥面净空为净—7＋2×0.75 m人行道，也可根据主梁间距自行拟定。

4.2.4　主梁跨径和桥长

标准跨径（墩中心距离）：　L_k＝25.00 m　　L_k＝16.00 m

计算跨径（支座中心距离）：L_0＝24.50 m　　L_0＝15.50 m

主梁全长（主梁预制长度）：L＝24.96 m　　L＝15.96 m

4.2.5　设计荷载

公路—Ⅰ级和人群荷载3 kN/m^2。

4.2.6　材料

钢筋：主筋用HRB335级钢，其他用HPB235级钢。

混凝土：C30。

4.2.7　计算方法

计算方法采用极限状态法。

4.2.8　结构尺寸

结构尺寸自行拟定。

4.2.9 设计依据

《公路桥涵设计通用规范》(JTG D60—2004)。

《公路钢筋混凝土及预应力混凝土桥涵设计规范》(JTG D62—2004)。

4.3 实训内容

(1) 主梁的计算。

(2) 行车道板的计算。

4.4 具体做法指导

4.4.1 主梁的计算

1. 主梁的荷载横向分布系数

(1) 跨中荷载横向分布系数计算。跨中荷载横向分布系数计算采用偏心压力法，不考虑主梁抗扭刚度。

(2) 梁端荷载横向分布系数计算。梁端荷载横向分布系数计算采用杠杆法计算。

2. 主梁的内力计算

(1) 主梁的恒载内力。假定桥面构造的各部分重量平均分配给各主梁承担。这里只需计算主梁、横隔梁和桥面铺装的每延米重量，栏杆及人行道部分每 2.5 m 长时重 12.35 kN，依此计算出各梁的 $M_{1/2}$、$M_{1/4}$、M_0、$Q_{1/2}$、$Q_{1/4}$和 Q_0 值。

(2) 主梁的活载内力。分别计算出公式 $S=(1+\mu)\cdot\zeta\cdot(m_c\cdot q_k\cdot\Omega+m_i\cdot p_k\cdot y_i)$ 和 $S=m_c\cdot q_r\cdot\Omega$ 中各项的数值，即可得出汽车荷载和人群荷载的 $M_{1/2}$、$M_{1/4}$、M_0、$Q_{1/2}$、$Q_{1/4}$和 Q_0 值。这里应注意，计算支点和 L/4 截面的剪力时，应计入荷载横向分布系数沿桥跨变化的影响。

(3) 主梁的内力组合。

3. 主梁截面设计、配筋与强度验算

选择内力最大的主梁进行配筋。

(1) 配置主筋：偏安全地按计算弯矩最大的梁进行配筋。

(2) 截面强度验算。

(3) 斜筋配置：偏安全地按剪力最大的梁进行配筋。

(4) 箍筋配置。

(5) 斜截面抗剪强度验算。

4.4.2 行车道板的计算

1. 行车道板的计算图式

考虑到主梁翼缘板在接缝处沿纵向全长设置连接钢筋，故行车道板可按两端固结和中间铰接的板计算。

2. 行车道板的内力计算

(1) 行车道板的恒载内力。T 梁翼缘板和铺装层产生的弯矩值和剪力值。按纵向 1 m 宽板条计算。

(2) 行车道板的活载内力。汽车车辆荷载后轮作用于铰缝轴线上，每米宽板条上的弯矩值和剪力值。

(3) 行车道板的内力组合。承载能力极限状态和正常使用极限状态分别组合，取弯矩和剪力的最大值。

3. 行车道板的截面设计、配筋与强度验算

行车道板内需配置主筋和分布筋。

4.5　实训成果

(1) 简要设计计算说明书一份。

(2) 在 2 号或 2 号加长图纸上进行图幅布置，绘制桥梁总体布置图（立面图、平面图、断面图）。

4.6　实训要求

(1) 计算说明书要求有计算步骤，条理清楚、有算式、有说明，并附有必要的示意图，字迹工整，书面清晰。

(2) 图纸是表达设计意图的重要手段；线条、字体要符合工程制图要求，并采用惯用的图例符号，以便读图。

(3) 一周内独立完成。

(4) 实训期间严格考勤，出勤率低于 80％者不给成绩。

4.7　实训进度安排

星期一		星期二	星期三	星期四	星期五
上午	下午				
交代任务，发任务指导书	行车道板的计算	主梁的计算	主梁的计算	制图与编写计算说明书	制图与编写计算说明书

4.8　时间安排

本次实训时间为一周。如需做行车道板和主梁的配筋计算，时间可延长一周。

4.9　实训参考书目

(1) 桥梁工程，李辅元主编，人民交通出版社。

(2) 公路路线设计规范（JTG D20—2006），公路桥涵设计通用规范（JTG D60—2004），人民交通出版社。

(3) 公路钢筋混凝土及预应力混凝土桥涵设计规范（JTG D62—2004），人民交通出版社。

4.10　成绩考核

实训结束后，根据学生出勤情况、实训过程中的表现以及实训成果进行成绩的评定。成

绩按优、良、中、及格和不及格五级评定。

第5章 公路毕业设计实训

5.1 实训目的

毕业设计实训是整个教学计划中的一个重要环节，在学生学完教学计划所规定的基础课、技术基础课与必修的专业课以后进行。目的在于培养学生综合运用所学的基础理论、专业知识和技能解决工程问题的能力。在教师的指导下，学生能够独立地、系统地、全面地完成一条或一段公路的技术设计。通过这一环节，可以使学生基本上掌握公路设计的全过程。学会考虑问题、分析问题和解决问题的方法，进一步巩固已学课程并再学习探讨一些新的专业知识，培养学生独立工作的能力及查阅参考书（资料）与进一步熟悉应用和理解标准、规范、手册的能力。因此，毕业设计是培养工程师基本训练必不可少的教学环节。

5.2 实训资料

此部分内容由指导教师给定。

（1）等高线地形图，比例为1∶1 000、1∶2 000。

（2）所在地区的气候、土壤、地质、水文等资料。

（3）路线服务范围的交通运输要求和技术经济调查资料。

（4）交通量资料。

（5）工程概算定额资料。

（6）其他有关资料。

5.3 实训内容

（1）路线方案的拟定与比选。

（2）道路等级的确定。

（3）技术标准的计算与验证。

（4）道路线形设计，包括平、纵、横设计。

（5）路面设计。

（6）桥涵水文计算与道路排水设计。

（7）道路交叉设计。

（8）道路工程量的计算与工程概、预算的编制。

5.4 具体做法指导

5.4.1 道路等级的确定

根据所获得的资料，按所在地区的地形、道路的性质、使用任务及交通量，经过成分的技术经济论证（必要时进行方案比较），最后确定出道路的技术等级。

5.4.2 公路技术标准的计算与验算

结合道路的具体情况分别计算下列指标（或其中部分指标）的极限数值：

(1) 平曲线半径（最小半径、不设超高的半径）及平曲线最小长度。

(2) 超高及其构成。

(3) 曲线的加宽。

(4) 缓和曲线（参数最小长度）计算及缓和段长度的确定。

(5) 视距（停车、会车、超车）。

(6) 纵坡（最大纵坡、最小纵坡及坡段限制）。

(7) 竖曲线（凸形、凹形）半径及竖曲线最小长度。

(8) 路基路面宽度。

同时对照《公路路线设计规范》（JTG D20—2006）规定的各项指标值进行分析比较，最终确定本路线所采用的技术标准极限数值。

5.4.3　路线方案的拟定与比选

根据等高线地形图，采用纸上定线的方法，研究路线的可能方案，并经过比较论证确定最后路线方案。

路线的方案应根据沿线的据点、控制点、路线的走向拟定。同时，应将各方案的纵断面图绘出，通过技术经济的比较分析加以确定。

5.4.4　道路平面设计

根据在等高线地形图所确定的路线方案，进行详细的精确定线。按交点的偏角，结合地形、地物确定平曲线半径及其要素。根据地形图的复杂程度不同，平面设计长度可取 3～5 km。

直线、圆曲线及缓和曲线是道路线形的基本组成要素，诸如直线最大长度、缓和曲线最小长度、缓和段长度的规定等，均应以行车安全视觉舒适出发，并通过分析计算确定。平面线形的标准应按照规定并对地形、地物变化给予确定。

平面线形的组合应能提供较佳的行车节奏感，使乘客具有良好的视觉效果，可通过车速变化的计算以及汽车排挡的变换分析确定。

曲线段的设置影响平面视距，可结合纵、横断面的设计进行视距的验算，以取得视距的保证。

5.4.5　道路纵断面设计

纵断面设计的标高是指路基边缘标高，对于旧路改建及城市道路则指路面中心标高。

纵断面设计的确定包括纵坡度的选定、坡长限制以及竖曲线半径的拟定。

为了满足行车和排水要求，道路应作最大纵坡和最小纵坡限制。坡长限制应有利于行车平顺，尽可能减少纵断面上的转坡点，设置大半径的竖曲线。坡长应做到：坡宜长，陡坡宜短。

纵断面设计线拟定以前，应先确定标高控制点（如桥涵标高、最大挖方深度、交叉口标高等）。林区、山区公路横断面可用经济填挖结合横断面地面线定出合宜的挖填高度。在纵断面图上标注符号（↑、↓、×等）试定拉坡，然后按照标准规定坡度及其长度，拟定竖曲线。

纵断面设计长度与平面设计长度相同。

5.4.6　道路的横断面设计

按照平、纵断面的设计，取其中 1 km 左右作横断面设计，该段范围内所有桩号的横断面均应绘出横断面地面线，地面线绘到规定的路基路面宽度外。按照各断面的地形地质情况确定边坡的坡度、边沟形状尺寸。绘出横断面的设计线，一般可做成横断面模板绘图。

路拱形式应按道路等级、性质及道路宽度采用直线横坡或不同横断面形式的路拱曲线。

高填深挖路段除需设挡土墙等防护工程外，还应按路基工程的规定进行计算或参照标准图设计。

5.4.7 路基路面设计

1. 路基稳定性验算

(1) 边坡稳定性验算（高路堤、深路堑）。

(2) 某路段陡坡路堤的整体稳定性验算。

2. 某路段挡土墙设计

(1) 根据该路段有代表性的路基横断面图和墙址区域的地形、地质、水文地质及材料供应等情况，选择挡土墙的类型，拟定墙身断面尺寸，选择基础类型，确定基础埋置深度。

(2) 根据该路段排水情况、地基的地质条件和墙高、墙身变化情况设置排水设施、沉降缝和伸缩缝。

(3) 按挡土墙的破坏形式和稳定性要求，进行挡土墙和稳定性验算。

(4) 绘制挡土墙构造图、布置图（包括平、立断面图）。

3. 某段路基一般防护与加固工程设计

(1) 根据影响路基稳定性因素选择防护、加固类型、断面形式，拟定断面尺寸。

(2) 结构物设计图可直接绘在路基横断面上，不另绘制。

(3) 路基处理。对需特殊处理的路基（如路线跨越池塘、小湖、水稻田等）应提出合适的处理方法和施工要求。

4. 路基排水设计

(1) 根据影响路基和路线构造物的水流设置地面、地下排水构造物，并根据水流量大小拟定排水构造物断面尺寸。

(2) 绘制排水构造物的断面图、构造图和排水系统布置图。

5. 路面工程设计

首先根据公路等级、交通量及交通组成确定路面等级，选择路面类型，然后进行下列设计：

(1) 柔性路面设计。

①按所给的交通资料将各级轴载换算成标准轴载，并计算设计使用年限内的累计作用次数。

②根据设计路段所在公路自然区划和土的类型，确定路基临界高度参考值以及路基的干湿类型并划分路段。

③确定土基模量。

④根据路基干湿类型和沿线材料供应情况，并按照路面结构组合设计的原则，选择路面结构层，并进行结构组合。

⑤以弯沉指标进行路面厚度计算，并检验防冻厚度。

⑥在满足弯沿的前提下，应进行弯拉应力和剪应力验算。

⑦对最终选定的路面结构，应在说明书中注明对各层材料的要求和施工要求。

（2）刚性路面设计。

①按所给的交通资料将各级轴载换算成标准轴载，并按初始标准轴载日作用次数确定交通等级、设计使用年限、初步估算板厚，并确定临界荷载。

②按不同干湿类型的路段，结合供应情况和规范要求，拟定两个以上的路面结构组合方案，经比选，最终确定一种方案。

③确定各项计算参数，最终利用混凝土的抗弯拉疲劳强度进行对比，检验初估板厚是否可行，要求误差在±5%以内。

④平面尺寸设计。

根据板的温度梯度计算板的翘曲应力，可能出现的一次最大荷载应力，然后与混凝土的抗折强度进行比较，确定板的平面尺寸，同时还应考虑施工的可能性。

⑤接缝设计。根据规范要求，正确选用胀缝、缩缝等，并绘制各种接缝构造图。

⑥对于刚性路面与柔性路面相接处，应绘制构造图。

5.4.8　路面类型选择与厚度设计

结合当地交通量、材料、施工条件确定路面的类型；根据沿线的土质、水文情况，选择合理的路基、路面结构组合，计算确定路面结构层所需的厚度；进行路面各层的材料组成设计，并提出施工要求。

5.4.9　道路排水与桥涵水文计算

道路排水与桥涵水文计算包括全线排水系统的布置以及主要排水设施的水文水力计算，注意边沟、截水沟的纵坡设计及出口处理。对于沿线小桥涵的设置，应确定汇水面积，计算流量及确定类型、孔径。并选取典型地点的小桥涵，在计算设计的基础上绘出施工详图。

跨河处，如遇有大中桥时，应进行跨河地点的选择、桥型的选择。

5.4.10　道路工程量的计算与工程概、预算的编制

这主要包括路基、路面工程及桥涵工程，其中对路基土石方数量的改正，须最后汇总到土石方数量总表。

道路设计文件、图表以及工程概、预算编制应按照“公路基本建设工程设计文件编制办法”“公路工程设计文件图表例”以及“公路工程概（预）算定额”规定编制。

由于不同组别的重点内容不同，并且受到规定时间的限制，可只对横断面设计路段编制工程概算。

5.5　实训成果

（1）道路路线方案图。

（2）道路平面图1∶1 000或1∶2 000。

（3）道路纵断面图横向1∶2 000或1∶1 000，纵向1∶200或1∶100。

（4）道路横断面图1∶200或1∶100。

（5）路面结构及路拱断面图。

（6）典型路段道路排水系统布置图。

（7）桥涵设计图。

（8）特殊人工构造物图（挡土墙、护坡）。

（9）附有封面、目录、正文、附页和图号编码等设计计算说明书一份。

5.6 实训要求

（1）图纸是表达设计意图的重要手段，线条、字体要符合工程制图要求，并采用惯用的图例符号，以便读图。

①道路平面图。比例尺以及图幅大小按所给资料确定，通常比例尺为 1∶1 000 或 1∶2 000。

②道路的纵断面图。图幅尺寸一律采用 A3（横式）即 297 mm×420 mm，常用比例尺为：横向 1∶2 000，纵向 1∶200。

③横断面图。横断面设计图取 1 km 进行设计，可采用与纵断面图相同的图式，常用比例尺为 1∶200，断面自下而上、从左到右排列。

④其他设计图。包括路面结构设计图、路拱断面图、桥涵设计图、特殊人工构造物设计图、排水结构物设计图，其图纸比例最好能和其他设计图纸相协调。各项图纸在最后一页的右下角绘上图签。

（2）各项设计内容均应编写计算说明书，阐明设计原则、依据、指导思想等。最后应将设计计算说明书系统整理、装订成册，设计说明书要求有封面、目录、正文、附页和图号编码等。

（3）设计中，学生应根据所获得的资料，经过认真的分析，提出创造性的设计构想。在详细计算与设计的基础上全面分析线形质量，在必要的修改设计后，绘出全部图纸，同时对各部分要分别编写说明书，最后定稿。

（4）在完成毕业设计后，每位学生都要交出设计任务书上所规定的设计图纸和设计说明书，并按时参加毕业设计答辩。

5.7 设计进度安排

第一周	交代任务，发任务指导书，熟悉图纸，收集资料，制订工作计划
第二周	路线方案的拟定、比选，道路等级及技术指标的确定
第三周	道路平面设计与纵断面设计
第四周	道路平面设计与纵断面设计
第五周	道路横断面设计
第六周	道路路面设计
第七周	桥涵水文计算与典型路段道路排水系统布置图
第八周	道路工程量计算与概算编制
第九周	道路工程量计算与概算编制
第十周	整理设计说明书，结束工作

5.8 设计安排

按照三年制教学计划的规定，毕业设计安排在第六学期毕业前进行，共计 10 周，也可视情况而定，选作其中一部分内容。

5.9 实训参考书目

（1）公路勘测设计，何景华主编，人民交通出版社。
（2）公路工程技术标准（JTG B01—2003），人民交通出版社。
（3）公路路线设计规范（JTG D20—2006），人民交通出版社。
（4）公路沥青路面设计规范（JTG D50—2006），人民交通出版社。
（5）公路水泥混凝土路面设计规范（JTG D40—2002），人民交通出版社。
（6）公路路基设计规范（JTG D30—2004），人民交通出版社。
（7）路基路面工程，邓学钧主编，人民交通出版社。
（8）公路工程预算定额（JTG/T B06—02—2007），人民交通出版社。
（9）公路工程概算定额（JTG/T B06—01—2007），人民交通出版社。
（10）基本建设项目概算预算编制办法（JTG B06—2007）。
（11）公路工程机械台班费用定额（JTG/T B06—03—2007）。
（12）公路勘测规范（JTG C10—2007）。
（13）公路勘测细则（JTG/T C10—2007）。

5.10 成绩考核

根据学生在毕业设计过程中所表现的业务能力、工作态度、设计成果质量和答辩成绩以及出勤情况，按优、良、中、及格和不及格，综合评定每个学生的毕业设计成绩。

第6章 桥梁毕业设计实训

6.1 实训题目

该实训题目是预应力混凝土简支T形梁桥设计。

6.2 实训目的

毕业设计是教学计划中的一个重要环节。在学生学完教学计划所规定的基础课、专业基础课与必修的专业课以后进行。目的在于培养学生综合运用所学的基础理论、专业知识和技能分析和解决实际问题的能力。毕业设计是要学生在教师的指导下，独立地、系统地完成一个工程设计，以其能掌握一个工程设计的全过程，在巩固已学课程的基础上，学会考虑问题、分析问题和解决问题，并可以继续学习一些新的专业知识，有所创新。

6.3 实训资料

6.3.1 桥梁跨径及桥宽

桥梁跨径根据地质断面图（由指导教师给定）在进行方案比选时自行确定；

桥面净空：净—7＋2×0.75 m人行道。

6.3.2 设计荷载

公路—Ⅰ级，人群荷载 3 kN/m²，每侧栏杆、人行道重量的作用力分别为 1.52 kN/m 和 3.6 kN/m。

6.3.3 材料及工艺

(1) 混凝土：主梁用 C40，盖梁用 C25，人行道、栏杆、桥面铺装、墩柱、系梁及钻孔灌注桩用 C20。

(2) 预应力钢束采用 ϕ9.5 mm 碳素钢丝，7 根一束。

(3) 普通钢筋直径大于或等于 12 mm 的用 16 Mn 钢或其他 HRB335 级热轧螺纹钢筋，直径小于 12 mm 的均用 HPB235 级热轧光圆钢筋，盖梁主筋用 HRB335 级钢筋。

(4) 钢板及角钢：制作锚头下支承垫板、支座垫板等均用普通 Q235 碳素钢，主梁间的连接用 16 Mn 低合金结构钢钢板；按后张法工艺制作主梁，采用 45 号优质碳素结构钢的锥形锚具和直径 50 mm 抽拔橡胶管。

6.3.4 设计依据

《公路桥涵设计通用规范》(JTG 60—2004)。

《公路钢筋混凝土及预应力混凝土桥涵设计规范》(JTG 62—2004)。

6.4 实训内容

(1) 方案比选。

(2) 结构设计。

(3) 施工方法设计。

6.5 具体做法指导

6.5.1 方案简介及构造布置

根据所给地质情况进行方案比选，确定主梁跨径。

1. 横断面布置

(1) 主梁间距与主梁片数。主梁间距通常应随梁高与跨径的增大而加宽，同时加宽翼板对提高主梁截面效率指标 ρ 很有效，故在许可条件下应适当加宽 T 梁翼板，但标准设计主要为配合各种桥面宽度使桥梁尺寸标准化而采用统一的主梁间距。交通部《公路桥涵标准图》中，钢筋混凝土和预应力混凝土装配式简支 T 形梁跨径从 16～40 m，主梁间距均为 1.6 m(留 0.02 m 工作缝，T 梁上翼缘宽度为 1.58 m)。考虑人行道适当挑出，净—7＋2×0.75 m 的桥宽则选用五片主梁。

(2) 主梁跨中截面主要尺寸拟定。

①主梁高度。预应力混凝土简支梁桥的主梁高度与其跨径之比按规范取值。当建筑高度不受限制时，增大梁高往往是较经济的方案，因为增大梁高可节省预应力钢束用量，同时梁高加大一般只是腹板加高，而混凝土用量增加不多。

②主梁截面细部尺寸。按照拟定的外形尺寸，绘出预制梁跨中截面图。

③计算截面几何特性。

④检验截面效率指标 ρ(希望 $\rho>0.5$)。

2. 横隔梁的设置

模型实验结果表明，在荷载作用处的主梁弯矩横向分布，当该处有内横隔梁时它比较均匀；否则，直接在荷载作用下的主梁弯矩很大。为减小对主梁设计起主要控制作用的跨中弯矩，在跨中设置一道中横隔梁；当跨度较大时，四分点处也宜设置内横隔梁。

6.5.2 主梁内力计算

根据上述梁跨结构纵、横截面的布置，并通过活载作用下的梁桥荷载横向分布计算，可分别求得各主梁控制截面（一般取跨中、四分点、变化点截面和支点截面）的恒载和最大活载内力，然后再进行主梁内力组合。

(1) 主梁恒载内力计算。

(2) 主梁活载内力计算（偏心压力法）。

(3) 主梁内力组合。

6.5.3 预应力钢束的估算及其布置

1. 跨中截面钢束的估算与确定

根据规定，预应力梁应满足使用阶段的应力要求和承载能力极限状态的强度条件。

2. 预应力钢束布置

6.5.4 计算主梁截面几何特性

在求得各验算截面的毛截面特性和钢束位置的基础上，计算主梁净截面和换算截面的面积、惯性矩及梁截面分别对重心轴、上梗肋与下梗肋的静矩，最后汇总成截面特性值总表，为各受力阶段的应力验算准备计算数据。

(1) 主梁截面面积及惯矩计算

(2) 主梁截面对重心轴的静矩计算

6.5.5 钢束预应力损失计算

根据“公预规”规定，当计算主梁截面应力和确定钢束的控制应力时，应计算预应力损失值。

6.5.6 主梁截面验算

预应力混凝土梁从预加力开始到受荷破坏，需经受预加应力、使用荷载作用、裂缝出现和破坏四个受力阶段，为保证主梁受力可靠并予以控制，应对控制截面进行各个阶段的强度验算。至于裂缝出现阶段，“公预规”根据公路简支梁标准设计的经验，对于全预应力梁在使用荷载作用下，只要截面不出现拉应力就不必进行抗裂性验算。

1. 主梁截面强度验算

在承载能力极限状态下，预应力混凝土梁沿着正截面和斜截面都有可能破坏，应验算两类截面的强度。

2. 主梁截面应力验算

(1) 使用荷载作用阶段验算。

(2) 施工阶段计算。

6.5.7 主梁变形验算

为了掌握主梁在各受力阶段的变形（通常指竖向挠度）情况，需要计算各阶段的挠度值，并且对体现结构刚度的活载挠度进行验算。

(1) 计算由预加应力引起的跨中反拱度。

(2) 恒载引起的跨中挠度。

(3) 静活载引起的跨中挠度及其验算。

(4) 1号主梁跨中挠度组合。

6.5.8 横隔梁计算

(1) 确定作用在跨中横隔梁上的计算荷载。

(2) 跨中横隔梁的内力影响线。

(3) 截面内力计算。

(4) 截面配筋计算。

6.5.9 盖梁计算

1. 盖梁荷载计算

(1) 上部构造恒载。

(2) 盖梁自重及内力计算。

(3) 活载计算。

2. 盖梁内力计算

(1) 恒载加活载作用下各截面的内力。

(2) 盖梁内力汇总。

3. 截面配筋设计与承载力校核

(1) 弯矩作用时配筋计算。

(2) 剪力作用时配筋计算。

6.5.10 桥墩墩柱计算

确定墩柱各部尺寸，用C20混凝土，HPB235级钢筋。

1. 荷载计算

(1) 恒载计算。

(2) 活载计算。

(3) 双柱反力横向分布计算。

(4) 荷载组合。

2. 截面配筋计算及应力验算

(1) 作用于墩柱顶的外力。

(2) 作用于墩柱底的外力。

(3) 截面配筋计算。

6.5.11 钻孔灌注桩计算

(1) 桩的荷载计算。

(2) 桩长计算。

(3) 桩的内力计算（m法）。

(4) 桩身截面配筋与强度验算。

(5) 墩顶纵向水平位移验算。

6.5.12　施工说明

（1）施工方法。

（2）主桥施工步骤。

（3）施工中几个问题的处理。

6.6　实训成果

（1）结构总体布置图。

（2）工程地质剖面图。

（3）基础立面布置图。

（4）基础构造配筋图。

（5）承台构造配筋图。

（6）桥墩构造配筋图。

（7）桥台构造配筋图。

（8）主梁构造图。

（9）主梁普通钢筋配筋图。

（10）主梁预应力钢束布置图。

（11）施工顺序图。

（12）附有封面、目录、正文、附页和图号编码等设计计算说明书一份。

6.7　实训要求

6.7.1　图纸

图纸是表达设计意图的重要手段，线条、字体要符合工程制图要求，并采用惯用的图例符号，以便读图。

6.7.2　毕业设计说明书

设计者的设计意图最终体现在设计说明书和设计图纸上。毕业设计说明书是毕业设计的重要书面文件，应能全面反映学生的设计思想、对基本理论和专业知识掌握的深度和广度、对规范的了解及熟练运用的程度、对文件的组织能力和书面表达能力。说明书应由目录、正文与附录三部分组成，其内容应包括：

（1）毕业设计任务书。

（2）设计基本资料及使用的规范、参考资料。

（3）计算书。

（4）对所完成设计的总结和体会。

毕业设计说明书要求步骤清晰、字迹工整、文字简洁流畅，对每一步骤的设计思想和设计依据要交代清楚，并附以必要的计算图纸（如计算图式、内力包络图等），能够用图表说明问题的地方尽量采用图表，应采用通用的设计符号和国际计量单位，采用统一的毕业设计图纸，最后应按统一规格装订成册。

在完成毕业设计后，每位学生都要交出设计任务书上所规定的设计图纸和设计说明书，并按时参加毕业设计答辩。

6.8 实训进度安排

第一周	布置任务、方案简介及构造布置
第二周	主梁内力计算
第三周	预应力钢束的估算及其布置、计算主梁截面几何特性
第四周	钢束预应力损失计算、主梁截面验算
第五周	主梁变形验算
第六周	横隔梁计算
第七周	盖梁计算
第八周	桥墩墩柱计算
第九周	钻孔灌注桩计算
第十周	施工说明和编写毕业设计说明书

6.9 时间安排

按照三年制教学计划的规定，毕业设计安排在第六学期毕业前进行，共计 10 周，也可视情况而定，选作其中一部分内容。

6.10 实训参考书目

（1）公路桥涵设计通用规范（JTG60—2004），人民交通出版社。
（2）公路钢筋混凝土及预应力混凝土桥涵设计规范（JTG62—2004），人民交通出版社。
（3）公路桥涵设计规范，人民交通出版社。
（4）桥梁工程，姚玲森主编，人民交通出版社。
（5）道路工程，徐家钰、程家驹主编，同济大学出版社。

6.11 成绩考核

根据学生在毕业设计过程中所表现的业务能力、工作态度、设计成果质量和答辩成绩以及出勤情况，按优、良、中、及格和不及格，综合评定每个学生的毕业设计成绩。

第 7 章 路桥工程测量实训

7.1 工程测量课堂实训

7.1.1 水准仪的认识和使用

1. 目的与要求

（1）了解水准仪的一般构造。

（2）掌握水准仪的安置、瞄准和读数。

（3）测量地面两点间高差。

2. 仪器、工具及组织

（1）场地布置：室内或室外较开阔场地选 A、B 两点。

（2）仪器、工具：每小组配备水准仪 1 套，水准尺 1 根，尺垫 1 个，记录板 1 个，伞 1 把。

（3）人员组织：3～5 人一组，轮换操作。实训完成后，每人上交实训报告一份。

3. 方法步骤

（1）水准仪的安置：在 A、B 两点中间架设三脚架，高度适中，架头大致水平，踏实脚架，用连接螺旋将仪器固连在三脚架上。

（2）认识仪器：了解水准仪各部件名称、作用及使用方法。熟悉水准尺分划、标记。

（3）粗略整平：任选一对脚螺旋，在其连线的方向上调整这两个脚螺旋，使圆水准器气泡居于连线方向的中间，再转动另一脚螺旋，使气泡居于圆水准器的中央。操作规律为：左手大拇指的运动方向与气泡移动方向一致，两手转动脚螺旋时，做对向转动（见图 7-1）。

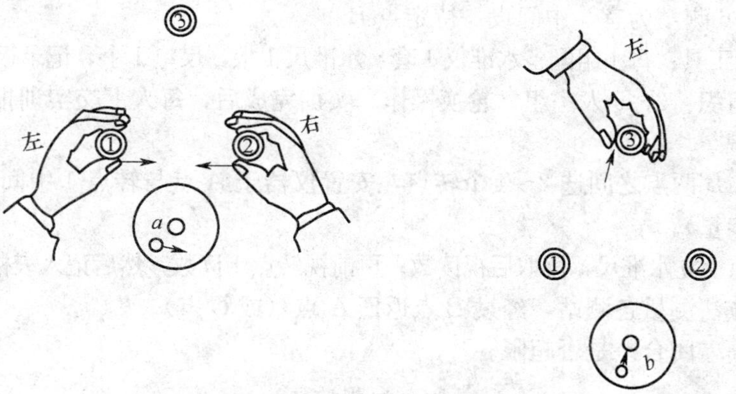

图 7-1　“左手拇指规则”图示

（4）瞄准：先调节目镜调焦螺旋，直到十字丝清晰。转动仪器，用准星和照门瞄准水准尺，拧紧制动螺旋。转动物镜调螺旋，看清水准尺，调整水平微动螺旋，使水准尺成像在十字丝交点处。注意消除视差。

（5）精平与读数：瞄准后视水准尺，调整微倾螺旋，使水准管气泡两端半气泡影像完全吻合为止（见图 7-2），立即用中丝在水准尺上读取四位读数；用相同的方法读取前视水准尺读数。注意空位填零。

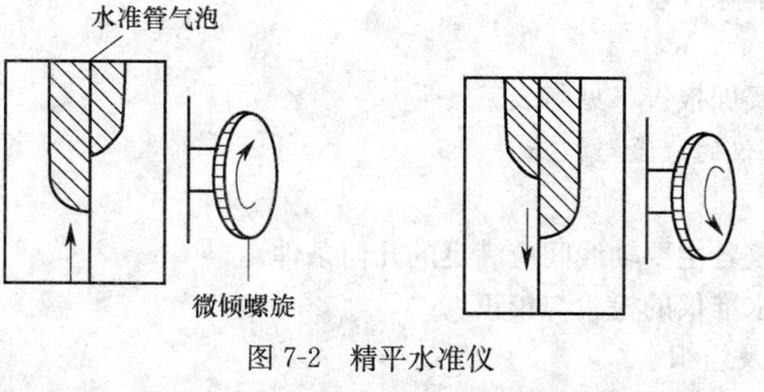

图 7-2　精平水准仪

（6）记录与计算：观测者读取读数时，记录员复诵记入表中相应栏内。测完后视、前视尺读数，即可计算出两点间高差。

4. 注意事项

(1) 读数前务必将水准管的符合水准气泡严格吻合，读后检查；若不吻合，应重新调平，重新读数。

(2) 转动各螺旋要稳、轻、慢，用力要轻巧、均匀。

(3) 读数时要消除视差。

5. 实训报告

水准仪的认识及使用实训报告（见附表一）。

7.1.2 水准路线测量

1. 目的与要求

(1) 掌握普通水准测量的观测、记录、计算和检核的方法。

(2) 熟悉闭合（或符合）水准路线的施测方法，闭合差的调整及待定点高程的计算。

2. 仪器、工具及组织

(1) 场地布置：以已知高程点 A、B 为起点，选一条闭合（或符合到另一已知点 C）水准路线，以 4～6 测站为宜，中间设一待定点 B。

(2) 仪器、工具：每小组配备水准仪 1 套，水准尺 1 根，尺垫 1 个，记录板 1 个，伞 1 把。

(3) 人员组织：3～5 人一组，轮换操作。实训完成后，每人上交实训报告一份。

3. 方法步骤

(1) 在 A、B 两点之间选 2～4 个转点，安置仪器于 A 点与转点 1 中间，前、后视距大致相等（可用步量）。

(2) 在 A 点上立水准尺，读取后视读数；再前视转点 1 读数，然后记入表格并计算高差。

(3) 如上方法测量各测站，经过 B 点返回 A 点（或 C 点）。

(4) 计算高差闭合差是否超限。

$$f_{h允}=\pm 12\sqrt{n}(\mathrm{mm})(n\text{ 为测站数})$$

$$f_{h允}=\pm 40\sqrt{L}(\mathrm{mm})(L\text{ 为路线长度,以千米为单位})$$

(5) 若高差闭合差值在容许范围内，则进行调整，计算待定点的高程。否则，需重测。

4. 注意事项

(1) 已知点与待定点上不能用尺垫，土路上的转点必须用尺垫。仪器迁站时，前视尺垫不能移动。

(2) 前、后视距大致相等。

(3) 读数时要消除视差。

5. 实训报告

水准路线测量实训报告（见附表二）。

7.1.3 微倾式水准仪的检验与校正

1. 目的与要求

(1) 了解水准仪各主要轴线间应满足的几何条件。

(2) 基本掌握水准仪的检验与校正。

2. 仪器、工具及组织

(1) 场地布置：在长约 80 m 开阔场地选 A、B 两点。

(2) 仪器、工具：每小组配备微倾式水准仪 1 套，水准尺 2 根，尺垫 2 个，小改锥 1

把，校正针 1 个，记录板 1 个，伞 1 把。

(3) 人员组织：3～5 人一组，轮换操作。实训完成后，每人上交实训报告一份。

3. 方法步骤

(1) 圆水准器轴 $L'L'_1$（见图 7-3）平行于仪器的竖轴 VV_1（见图 7-3）的检验与校正。

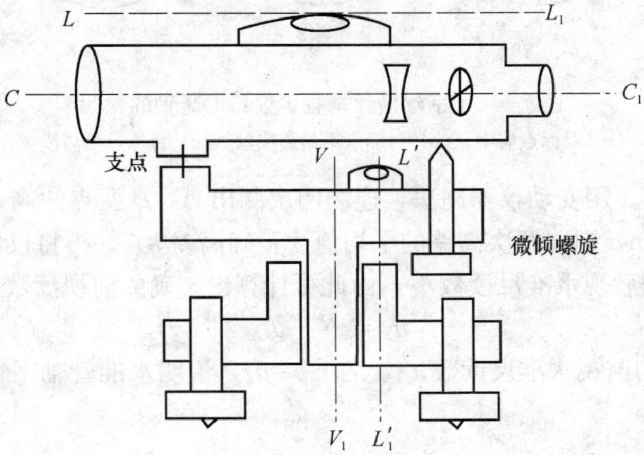

图 7-3　水准仪的轴线

①检验方法：旋转脚螺旋使圆水准器气泡居中，然后将仪器绕竖轴旋转 180°，如果气泡仍居中，则表示该几何条件满足；否则需要校正。

②校正方法：用校正针转动圆水准器底部的三个校正螺钉（见图 7-4），使气泡向中心移回一半的偏离量。这时圆水准器轴已平行于仪器竖轴，再转动脚螺旋调平圆水准器气泡，两轴就竖直了。重复以上步骤，直到望远镜旋到任何方向上，圆水准气泡始终在中心为止。

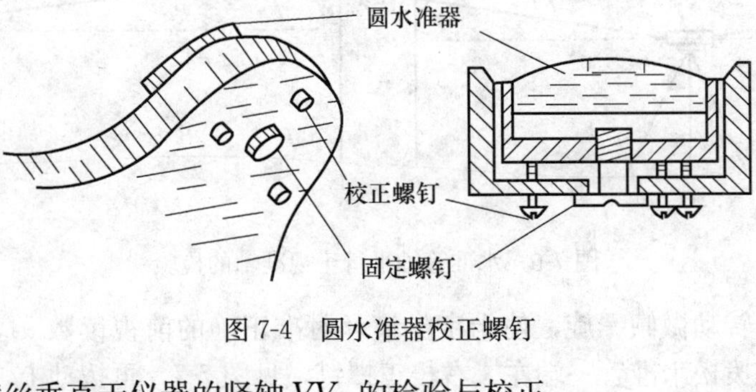

图 7-4　圆水准器校正螺钉

(2) 十字丝横丝垂直于仪器的竖轴 VV_1 的检验与校正。

①检验方法：安置水准仪，使圆水准器的气泡严格居中后，先用十字丝横丝一端瞄准与仪器同高的一点状目标，见图 7-5（a）；制动仪器后转动水平微动螺旋，如果目标点不偏离横丝，则表示十字丝横丝垂直于仪器的竖轴，见图 7-5（b）；如果目标点偏离横丝，则需要校正，见图 7-5（c）。

②校正方法：放下十字丝分划板护罩，用小改锥松开十字丝分划板座的固定螺钉，轻轻转动十字丝分划板座，使横丝水平。重复以上步骤，直到满足要求为止，最后将固定螺钉拧紧，拧上分划板护罩。

(3) 水准管轴 LL_1（见图 7-3）应平行于视准轴 CC_1（见图 7-3）的检验与校正。

①检验方法：在长约 80 m 开阔场地 A、B 两点（钉木桩或尺垫）上立水准尺，安置仪

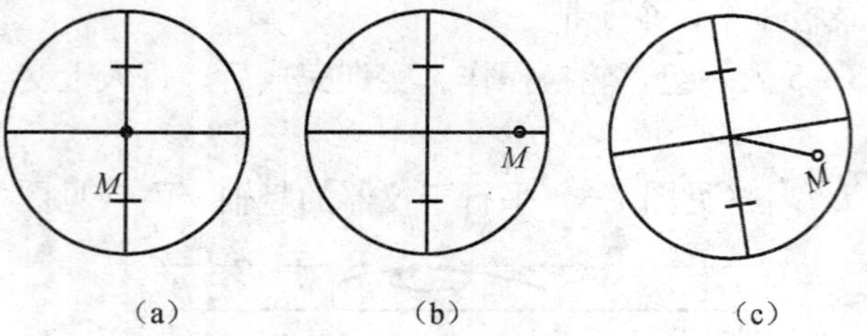

图 7-5　十字丝横丝垂直于仪器的竖轴的检验

(a) 目标点居中；(b) 目标点不偏离横丝；(c) 目标点偏离横丝

器于 A、B 两点中间。用变动仪器高法，连续两次测出 A、B 两点的高差；若两次测定的高度之差不超过±3 mm，则取两次高差的平均值为正确高差 h_{AB}。再将仪器安置于距 B 点 2～3 m 处，读取 B 点的后视水准尺读数 b_2，由此可计算出正确的前视读数。

$$a_2 = b_2 - h_{AB}$$

转动仪器读取 A 点的前视水准尺读数 a'_2。若 $a'_2 = a_2$，说明水准管轴平行于视准轴。否则可计算出 i 角值：

$$i = \frac{a'_2 - a_2}{D_{AB}}\rho$$

式中　D_{AB}——A、B 两点间距；

ρ——一弧度的秒值，$\rho = 206\ 265''$。

当 i 角值不超过±20″时，满足条件。否则，需校正，见图 7-6。

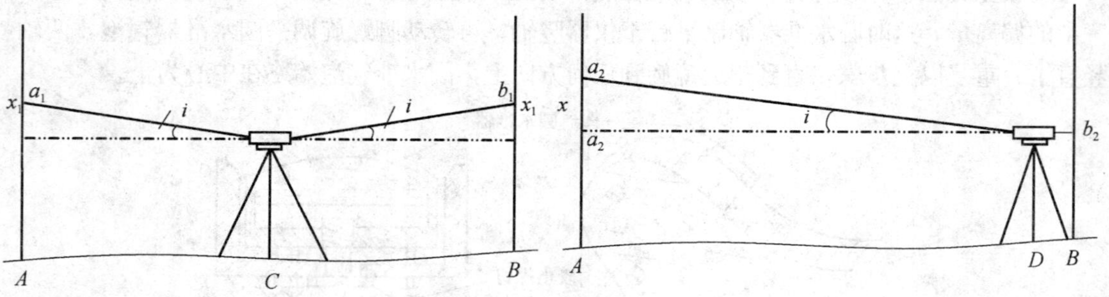

图 7-6　水准管轴平行于视准轴的检验

②校正方法：转动微倾螺旋，使十字丝横丝对准正确的前视读数 a_2，水准管气泡偏离中心。用校正针先拨松水准管一端左、右校正螺钉，见图 7-7，再拨动上、下两个校正螺钉，使偏离的气泡重新居中。重复以上检验校正，直到 i 角值不超过±20″为止，最后要将校正螺钉拧紧。

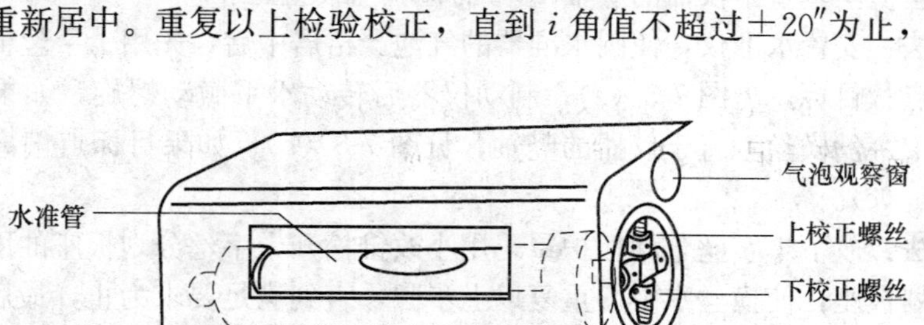

图 7-7　水准管的校正

4. 注意事项

（1）水准仪检验与校正的过程要按顺序进行，不可颠倒。

（2）各校正螺丝比较精细，校正时一定要手轻、力匀，以免造成无可挽回的损失。

（3）对于要求只检验不校正的项目，严禁学生自行校正，以免损伤仪器。

5. 实训报告

微倾式水准仪的检验与校正实训报告（见附表三）。

7.1.4　经纬仪的认识和使用

1. 目的与要求

（1）了解经纬仪的一般构造。

（2）掌握经纬仪的对中、整平、瞄准和读数方法。

（3）测回法测量一水平角。

2. 仪器、工具及组织

（1）场地布置：室内或室外通视良好场地选 A、B、C 三点。

（2）仪器、工具：每小组配备经纬仪 1 套，测钎 2 根，记录板 1 个，伞 1 把。

（3）人员组织：3～5 人一组，轮换操作。实训完成后，每人上交实训报告一份。

3. 方法步骤

（1）认识仪器：将仪器固连在三脚架上，由指导教师讲解，学生亲自动手熟悉经纬仪各部件名称、作用及使用方法。

（2）经纬仪的对中、整平。

①垂球对中、整平：打开三脚架，调整好高度，拧紧架腿固定螺丝，挂上垂球，安置在地面标志点上，使架头大致水平，平移三脚架，使垂球尖与地面标志点大致对准，踩实三脚架。然后用中心螺旋连接经纬仪，最后移动基座使垂球尖与地面标志点严格对准，并拧紧中心螺旋。转动脚螺旋，使照准部水准管气泡居中，垂球对中误差不超过±3 mm。

②光学对中、整平：安置仪器，大致对中，转动光学对中器调焦螺旋，使对中器的分化板清晰，推拉对中器镜管，使地面标志点清晰。移动脚架使分化中心与地面标志点接近，转动脚螺旋使其重合，再伸缩三脚架腿，使圆水准器气泡居中。转动脚螺旋，使照准部水准管气泡居中，检查地面标志点是否在分化板中心，偏离量不大时，在架头上移动座对中。对中、整平反复交替进行，光学对中误差不超过±1 mm。

（3）瞄准置数：进行望远镜目镜、物镜调焦，利用照准部水平、垂直、制微动螺旋，即可精确瞄准目标底部。利用复测扳手或度盘变换手轮，在每测回起始方向盘左位置置水平度盘为所需读数。

（4）水平角观测（测回法）安置仪器于 B 点，对中、整平后盘左瞄准目标 A，水平度盘置数并读取度盘读数，记录员复诵记入表中相应栏内。顺时针转动照准部，瞄准目标 C 读数记录；然后变盘右，再瞄准目标 C 读数记录，逆时针转动照准部瞄准目标 A 读数记录。以上为一测回观测。

4. 注意事项

（1）在记录前，首先要弄清记录表格的填写次序和方法。记录时要复诵。

（2）每一测回的观测中间，如发现水准管气泡偏离，也不能重新整平。本测回观测完毕，下测回开始前再重新整平仪器。

(3) 瞄准目标时，要瞄准明显部位，尽量瞄准目标底部。

5. 实训报告

经纬仪的认识和使用实训报告（见附表四）。

7.1.5 竖直角的观测及竖盘指标差的检验与校正

1. 目的与要求

(1) 掌握竖直角观测方法、记录及计算。

(2) 熟悉竖盘指标差的检验与校正。

2. 仪器、工具及组织

(1) 场地布置：在场地周围选择至少三个高处目标，其仰角大于25°。

(2) 仪器、工具：每小组配备经纬仪1套，校正针1个，记录板1个，伞1把。

(3) 人员组织：3～5人一组，轮换操作。实训完成后，每人上交实训报告一份。

3. 方法步骤

(1) 竖直角观测。

①在实训场地上安置经纬仪，进行对中、整平，每人选一目标。上下转动望远镜，观察竖盘读数规律，写出竖直角及指标差的计算公式。

②盘左瞄准目标，用十字丝横丝切于目标顶部，转动竖盘指标水准管微动螺旋，使竖盘指标水准管气泡居中，读取竖盘读数 L，计算竖直角 α_L 记入表内。

③盘右，用与盘左相同的方法观测读取竖盘读数 R，计算竖直角 α_R 记入表内。

④计算一测回竖直角角值及指标差值。其公式为

$$竖直角：=\alpha\frac{1}{2}(\alpha_L+\alpha_R)$$

$$指标差：X=\frac{1}{2}(\alpha_L+\alpha_R)$$

(2) 竖盘指标差的检验与校正。

①检验方法：瞄准一大致水平的目标，盘左、盘右进行观测，计算指标差 X；若 $X\geqslant\pm2'$ 时，则需校正。

②校正方法：仪器位置不动，仍以盘右瞄准原目标，计算盘右正确的竖盘读数为 $R'=R-X$。转动竖盘指标水准管微动螺旋，使竖盘读取为 R'，此时气泡偏离一端，用校正针拨动指标水准管校正螺丝，先松一个后紧一个，使指标水准管气泡居中。如此反复进行，直到满足要求为止。

4. 注意事项

(1) 每次读数之前应使指标水准管气泡居中。

(2) 计算竖直角及指标差时，应注意正、负号。

5. 实训报告

竖直角的观测及竖盘指标差的检验与校正实训报告（见附表五）。

7.1.6 经纬仪的检验与校正

1. 目的与要求

(1) 熟悉经纬仪各主要轴线之间应满足的几何条件。

(2) 基本掌握经纬仪的检验与校正。

2. 仪器、工具及组织

(1) 场地布置：在两侧都有建筑物、长约100 m的场地，并有高12 m的建筑物。

（2）仪器、工具：每小组配备经纬仪 1 套，测钎 2 根，小改锥 1 把，校正针 1 个，记录板 1 个，伞 1 把。

（3）人员组织：3～5 人一组，轮换操作。实训完成后，每人上交实训报告一份。

3. 方法步骤

（1）照准部水准管轴垂直于仪器竖轴的检验与校正。

①检验：在两相互垂直的方向上，调平水准管气泡，照准部旋转 180°；如果气泡仍居中，则说明条件满足；如果气泡中点偏离水准管零点超过一格，则需要校正。

②校正：用校正针拨动水准管一端的校正螺丝，使气泡移回一半的偏移值，另平地用脚螺旋调平气泡。重复以上步骤，直到照准部旋转到任何方向上，水准管气泡都居中为止。

（2）十字丝竖丝垂直于仪器横轴的检验与校正。

①检验：整平仪器后，用十字丝交点瞄准一清晰的点状目标 P，转动望远镜微动螺旋，使竖丝上、下移动；如果 P 点始终不离开竖丝，则说明该条件满足，否则需要校正，见图 7-8。

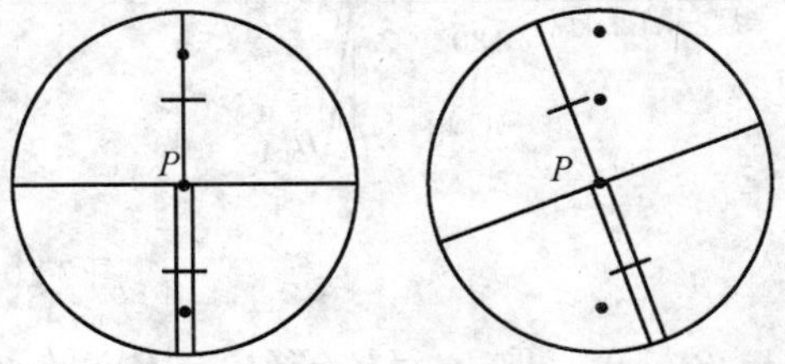

图 7-8　十字丝竖丝垂直于仪器横轴的检验

②校正：旋下十字丝分划板护罩，用小改锥松开十字丝分划板座的四个固定螺钉（见图 7-9），轻轻转动十字丝分划板，使竖丝竖直。重复以上步骤，直到满足要求为止。最后拧紧固定螺钉，拧上分划板护罩。

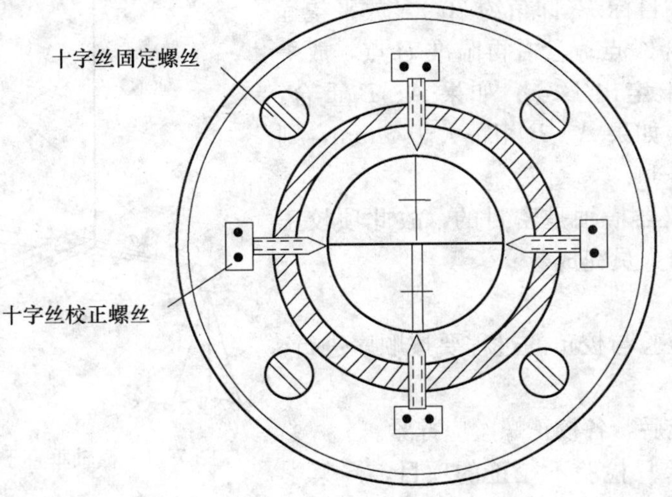

图 7-9　十字丝竖丝的校正

（3）视准轴垂直于仪器横轴的检验与校正。

方法一

①检验：盘左瞄准距仪器 10 m 左右与仪器同高一点状目标 A，读取水平度盘读数 $\alpha_{左}$。纵转望远镜成盘右再瞄准 A 点，读取水平度盘读数 $\alpha_{右}$。若 $\alpha_{右}=\alpha_{左}\pm180°$，说明条件满足；若差值超过 $1'$，则需校正。

②校正：计算正确读数 $\alpha_{中}=[\alpha_{右}+(\alpha_{左}\pm180°)]/2$，转动水平度盘微动螺旋，使水平度盘读数为 $\alpha_{中}$，此时十字丝中心偏离目标点 A，松开十字丝分划板校正螺丝，移动十字丝分划板，使其中心对准点 A，重复以上步骤，直到满足要求为止。

方法二

①检验：在平坦开阔场地上选 A、B 两点，经纬仪安置在 A、B 两点的中点 O 处，见图 7-10，并在 A 点设置与仪器同高的点标志，B 点与仪器同高处横放一根刻有毫米分划的直尺。盘左瞄准 A 点，制动照准部，然后纵转望远镜，在 B 点尺上读得 B_1；然后盘右瞄准 A 点，制动照准部，纵转望远镜，在 B 点尺上读得 B_2。如果 B_1 与 B_2 两读数相同，说明条件满足。否则，需校正。

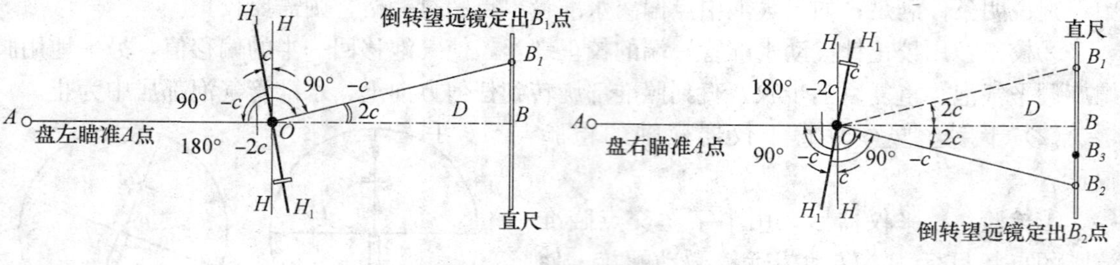

图 7-10 视准轴误差的检验

②校正：取 $B_3=B_2-(B_2-B_1)/4$，与上述相同的方法调整十字丝分划板，直至十字丝交点对准 B_3，重复以上检验校正，直到 B_2B_1 不超过±5 mm 为止。

(4) 仪器横轴垂直于仪器竖轴的检验与校正。

①检验：在离墙面约 30 m 处安置经纬仪，盘左瞄准墙上高处一目标 P(仰角约 30°)，放平望远镜，在墙面上定出 A 点；盘右再瞄准 P 点，放平望远镜，在墙面上定出 B 点；如果 A、B 重合，则说明条件满足；如果 A、B 相距大于 5 mm，则需要校正，见图 7-11。

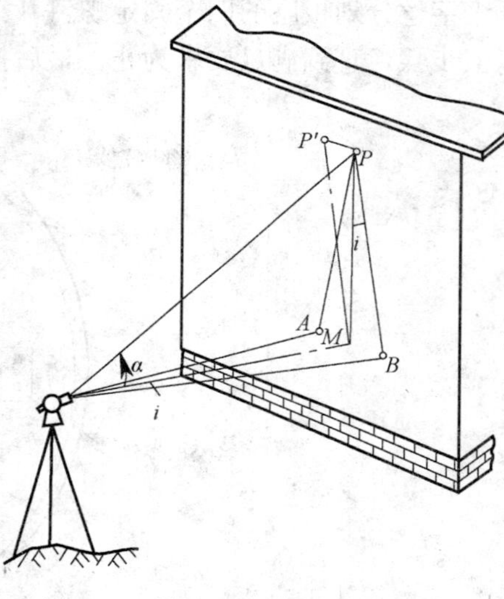

图 7-11 横轴垂直于仪器竖轴的检验

②校正：因仪器横轴是密封的，故此项校正应由专业仪器维修人员完成。

4. 注意事项

(1) 经纬仪检验与校正的过程要按顺序进行，不可颠倒。

(2) 检校完成后，各校正螺丝应拧紧。

(3) 对于要求只检验不校正的项目，严禁学生自行校正，以免损伤仪器。

5. 实训报告

经纬仪的检验与校正实训报告（见附表六）。

7.1.7 钢尺量距和磁方位角测量

1. 目的与要求

(1) 掌握钢尺量距的一般方法。

(2) 学会用罗盘仪测定直线的磁方位角。

(3) 要求距离往、返丈量，要求误差不低于 1/3 000。往返测量磁方位角的误差应小于 1°。

2. 仪器、工具及组织

(1) 场地布置：选择 70 m 左右的平坦场地。

(2) 仪器、工具：每小组配备 30 m 或 50 m 钢尺 1 把，标杆 3 根，测钎 4 根，罗盘仪 1 个，垂球 1 个，斧子 1 把，记录板 1 个，木桩 2 个，小钉若干个。

(3) 人员组织：4～5 人一组，前尺手 1 人，后尺手 1 人，定线 1～2 人。实训完成后，每人上交实训报告一份。

3. 实验步骤

(1) 在所量线段两端 A、B 两点打下木桩，钉上小钉（或画十字）作为起讫点，并各立一标杆。

(2) 后尺手执尺零端将零刻划线对准 A 点，前尺手沿 AB 方向前进，行至一尺段处停下，由后尺手定向，左右移动，拉紧钢尺在整尺注记处插下测钎，该段量距完毕。如此丈量完其他整尺和零尺段距离，同法由 B 到 A 量距，得 $D_{往}$、$D_{返}$ 丈量结果，计算其平均值 $D=\frac{1}{2}(D_{往}+D_{返})$ 及相对误差。往、返量距时丈量者和记录者交换。

(3) 将罗盘仪分别安置在 A、B 点测定磁方位角，并记入手簿，取其平均值作为直线 AB 的磁方位角。

4. 注意事项

(1) 爱护钢尺，勿扭卷、受压及沿地面拖拉，用毕擦净涂油。

(2) 测钎插直，若地面坚硬，可在地上画记号。记清整尺段数。

(3) 测量磁方位角时，认清磁针北端，避免铁器干扰。

5. 实训报告

钢尺量距和磁方位角测量实训报告（见附表七）。

7.1.8 钢尺精密量距

1. 目的与要求

(1) 掌握精密量距的方法和成果计算。

(2) 往、返丈量相对误差不大于 1/10 000。

2. 仪器、工具及组织

(1) 场地布置：选择 50～70 m 较平坦的场地。

(2) 仪器、工具：每小组配备经纬仪 1 套，水准仪 1 套，水准尺 1 把，检定过的钢尺 1 把，弹簧秤 1 个，温度计 1 个，斧子 1 把，记录板 1 个，木桩 5 个，小钉若干个，伞 1 把。

(3) 人员组织：5～6 人一组，轮流进行，实训完成后，每人上交实训报告一份。

3. 实验步骤

(1) 在所量线段两端定 A、B 两点。

(2) 安装经纬仪于 A 点，瞄准 B 点，在 AB 上投一直线，在该直线上以略短于一整尺长的位置定 1、2、…各点；钉木桩、桩顶画十字，十字中心钉小钉。

(3) 用水准仪测定各桩顶间高差，记入手簿。

(4) 用弹簧秤挂在尺的零端，采用标准拉力（30 m 钢尺 100 N，50 m 钢尺 150 N）量距，先读毫米，估读到 0.5 mm，然后再读厘米、分米、米。两端读数相减，即为该段尺长。

(5) 每尺段丈量三次，距离之差小于±3 mm；否则重量。取三次结果的平均值作为此段结果，同时读计温度一次。

(6) 如此丈量完其他尺段，立即进行返量。以上读数，记录员立即复诵并将读数记入手簿。

(7) 成果计算。

1) 根据公式

$$L_d = \frac{\Delta L}{L_0} L$$

$$L_t = (t - t_0) L$$

$$L_h = -\frac{h^2}{2L}$$

$$D = L + L_d + L_t + L_h$$

计算出改正后尺长。

2) 计算线段 AB 总长，平均长度及精度，记入手簿。

4. 实训报告

钢尺精密量距实训报告（见附表八）。

7.1.9 大比例尺地形图测绘

1. 目的与要求

(1) 了解地形图测绘的方法、步骤。

(2) 合理选定地物、地貌特征点。

(3) 了解地形图图示及等高线的勾绘方法。

(4) 测图比例尺 1∶500，等高距为 0.5 m 或 1 m。

(5) 分工协作、密切配合、轮换作业。

2. 仪器、工具及组织

(1) 场地布置：选择地物、地貌较典型地段作为实训场地，每组选定两个控制点作为测图依据。

(2) 仪器、工具：每小组小平板仪 1 套，皮尺 1 把，比例尺 1 根，地形图图示 1 本，记录板 1 个，标杆 2 根，伞 1 把，三角板 1 副，绘图纸 1 张，铅笔、橡皮若干。

(3) 人员组织：5～6 人一组，轮换操作，实训完成后，每组交地形图一幅。

3. 实验步骤

(1) 将小平板仪安置在测站点 A 上，将照准仪望远镜置于水平位置，经对中、整平后，确定图上对中点为起点 A，瞄准另一控制点 B，在图上确定 AB 方向线，用比例尺量取 AB 距离、确定 B 点位置。量取仪器高 i cm，i 加改点高程即为望远镜水平视线的高程。将测站名称、仪器高记入碎部测量记录。

(2) 测量碎部点时，首先在图板上测站点插一测针，用照准仪紧靠测针，照准碎部点 P 的水准尺，读取视距和中丝读数，计算水平距离及 P 点高程，用比例尺在 AP 方向上定 P 点，并注上高程。

(3) 重复第二步，至将该测站点周围的所有碎部点测定为止。

(4) 根据测得的碎部点，用规定的图式符号描绘地物、地貌，经检验无误后，即可迁至下一站。

(5) 小平板仪的照准仪若为马尾丝形，此时测绘碎部点须与经纬仪或皮尺连测。

4. 注意事项

(1) 在测站点安置小平板仪时，对中误差应小于 2.5 cm。

(2) 读上、中、下丝读数时，尽量不变动眼睛位置。

(3) 如遇地势倾斜地面坡度，再由斜距计算出水平距离及高差。

(4) 碎部点为地物时，必须用皮尺丈量距离。在观测过程中，若图板转向，应立即纠正方向。

(5) 小平板仪的照准仪和图板是分离的，作业时应防止照准仪从图板上滑落下来而摔坏。

(6) 小平板仪附件多，实训完毕后，要全面检查，以防丢失。

(7) 小平板定向时，务必先放松三个支承螺旋，再转动图板。

5. 实训报告

大比例尺地形图测绘实训报告（见附表九）。

7.1.10 已知点位的测设

1. 目的与要求

(1) 练习水平角、水平距离、高程的测设方法，确定点的平面和高程位置。

(2) 掌握经纬仪、水准仪、钢尺在测设工作中的操作步骤。

(3) 角度测设限差大于±40″，距离测设相对误差不大于1/5 000，高程测设限差不大于±10 mm。

2. 仪器、工具及组织

(1) 场地布置：每组选择间距约50 m的A、B两点，在点位上钉上木桩，在木桩上钉上小钉，以AB连边为角度测设的起始方向。附近布置一临时水准点，作为测设高程的已知数据。

(2) 仪器、工具：每小组配备经纬仪1套，水准仪1套，钢尺1把，木桩3～5个，测钎3根，标杆3根，水准尺1根，手锤1把，记录板1个，小钉5个，伞2把。

(3) 人员组织：每组约6人，3人测角，3人量距及测高程，轮换操作，实训完成后，每人上交实训报告一份。

3. 实验步骤

(1) 水平角测设、距离测设：在A点安置经纬仪，对中、整平，用盘左位置照准B点，调节水平度盘位置变换轮，使水平度盘读数为0°00′00″。转动照准部使水平度盘读数为β值，按视线方向用钢尺量取预定的水平距离D定出P_1点。然后用盘右位置重复上述步骤，定出P_2点。若P_1、P_2不重合，取其中点P，则AP即为测设角值为β的另一方向线，$\angle BAP$即为测设的β角，与规定的β和D之差在限差内，则符合要求。

(2) 高程的测设：设上述P点的设计高程为H_P，将水准仪安置于P点与水准点之间，后视水准尺读数a，计算出视线高$H_i=H_水+a$；同时计算出P点的尺上读数$b=H_i-H_P$，即可在P点木桩上立尺进行前视读数。然后在P点立尺，立尺时要紧贴木桩侧面，水准仪瞄准标尺时使其贴着木桩上下移动，当尺上读数正好等于b时，则沿尺底在木桩上划一横线，即为设计高程的位置。重测一次，以作检核。

4. 注意事项

(1) 测设后进行各项检核，误差超限重测，并做好记录。

(2) 每组每人交实训报告一份。

5. 实训报告

已知点位的测设实训报告（见附表十）。

7.2 工程测量集中实训

7.2.1 测量集中实训指导

1. 实训目的

集中实训是测量教学的重要组成部分，除验证课堂理论外，是巩固和深化所学知识的环节，更是培养学生动手能力和训练严格的科学态度和作风的手段。通过控制测量实训，加强学生对测量仪器操作的使用。通过地形图的测绘和构筑物的测设，可增强测绘和测设地面点位的概念，提高应用地形图的能力，为今后解决实际工程中有关测量工作的问题打下坚实的基础。

2. 实训要求

（1）掌握经纬仪、水准仪、钢尺等常规测量仪器工具的操作使用。能顺利进行角度、高程及距离测量，并掌握坐标、高程等计算。

（2）熟悉地形图测绘的全过程。掌握在地形图上确定点的坐标、两点间的距离、坐标方位及高程的方法。

（3）掌握施工测量的基本工作和方法，计算放样数据，测设构筑物、管线的平面位置和高程。

（4）实训结束时，每人交实训报告一份、各种内业计算表及放样测设数据计算表。每组交地形图一幅。

（5）无故不参加者按旷课论处。

3. 准备工作

（1）思想准备：由理论教学转入以操作实践为主的教学实训，应由有关负责人和指导教师讲明实训的重要性、目的和要求以及实训的内容和时间安排，使学生在思想上有所准备。由于测量实训的特点是以小组为单位，分散独立作业，劳动强度大，要求各组搞好分工配合和团结协作，学会应用理论解决实际问题的能力和吃苦耐劳的精神。同时提出具体的措施，确保人身、仪器的安全和实训的顺利进行。

（2）仪器工具：每组配备经纬仪、水准仪、水平板仪各1套，钢尺、皮尺各1把，水准尺1根，尺垫1个，手锤1把，木桩、小钉若干，测钎若干，标杆2根。铅笔、比例尺、三角板、橡皮等文具小组自备。

（3）人员组织：以班为单位，指导教师按实训计划安排好实训内容，班长、团支部书记负责生活管理。每班分为若干个小组，每组5～6人，设正、副组长各一人，组长负责人员分工和实施，副组长负责仪器和工具的管理。

（4）场地布置：实训场地在长1 km以上、宽100 m以上的范围内布设12个以上的三角点，每组分配2～3个点和划分一定的测图面积，共同完成测区内的测量实训。

4. 实训注意事项

（1）仪器使用与爱护。

①每次出发前及收工时，均应清点仪器和工具。

②实训中如发现有故障，应立即报告指导教师，不准自行拆卸。

③按时领借、交还仪器并妥善保管，不得损坏和丢失，否则按价赔偿。

（2）实训前要做好准备工作，随着实训进度参看教材的有关章节。

(3) 每项测量实训完成后，要及时计算整理结果、原始数据，资料、成果要妥善保管，不得丢失。

(4) 实训期间晚自习应整理当天测量的资料并进行内业计算。

5. 实训内容和技术要求

(1) 平面控制测量：图根导线测量，采用测回法观测导线的转折角，角度闭合差不超过 $\pm 40\sqrt{n}$ mm，n 为测站数，钢尺量距相对误差不大于 1/3 000；导线相对闭合差不大于 1/2 000。每组根据外业资料，在辅导教师的指导下，计算出各点的坐标。

(2) 高程控制测量：利用导线点组成等外水准路线，作为测区的高程控制，其高差闭合差不得超过 $\pm 12\sqrt{n}$ mm，n 为测站数。由外业资料及已知高程计算出各点的高程。

(3) 测绘地形图：测图比例尺 1∶1 000，等高距为 0.5 m，每组测图面积 300 m×100 m 以上。

(4) 地形图的应用：在图上设计圆曲线和计算其要素，切线长 T，曲线长 L，外矢距 E，曲线主点里程。计算时角度取至度，距离取至厘米。

(5) 每组依据设计出的曲线测设到实地，并进行检核。每人需交曲线主点要素计算表，详细测设的数据计算表，放样略图和核测记录等。

6. 实训时间安排（见表 7-1）

表 7-1　实训时间表

实训内容	时间安排/天	备注
领借、检校仪器，踏勘测区及选点	1	星期一
平面及高程测量	2	星期二、星期三
地形图测绘及整饰	2	星期四、星期五
图上设计曲线，计算放样数据	1	星期一
测设点位和高程	1	星期二
参观施工现场或新仪器介绍	1	星期三
机动	1	星期四
考核、实训总结	1	星期五
总计	10	两周

7. 实训成绩考核

(1) 考核可按口试、笔试或操作演示等方式，较全面地了解学生的实际能力和水平。

(2) 考核以业务考核水平为主，即实际的作业技能，用理论解决实际问题的能力，完成实训内容的数量和质量，并结合思想表现、爱护仪器工具和纪律、出勤情况等做出成绩评定。

(3) 成绩评定可分为优、良、中、及格和不及格五个等级。凡实训缺勤，违反纪律，不交成果资料，伪造测量数据，损坏仪器工具等行为，根据严重程度，降低成绩等级或不予及格。

7.2.2　测量集中实训报告书

1. 实训已知数据

实训已知数据表见表 7-2。

表 7-2　实训已知数据表

点号	坐标/m	高程/m	备注
	X	Y	

2. 测量仪器和工具

(1) 从测量仪器室领借仪器、工具清单（注明编号、型号和数量）。

(2) 水准仪检验与校正。

①水准仪的一般检查（见表 7-3）。

表 7-3　水准仪的一般检查表

检查内容	检查结果
三脚架是否牢稳	
制动及微动螺旋是否有效	
其他	

②圆水准器轴垂直于竖直轴的检验（见表 7-4）。

表 7-4　圆水准器轴垂直于竖直轴的检验

转 180°检验次数	气泡偏离数/mm

③十字丝横丝垂直于竖直轴的检验（见表 7-5）。

表 7-5　十字丝横丝垂直于竖直轴的检验

检验次数	误差是否显著

④视准轴平行于水准管轴的检验（见表 7-6）。

表 7-6　视准轴平行于水准管轴的检验

<table>
<tr><th colspan="3">仪器在中点求正确高差</th><th colspan="3">仪器在 A 点旁检验校正</th></tr>
<tr><td rowspan="3">第一次</td><td>A 点尺上读数 a_1</td><td></td><td rowspan="3">第一次</td><td>A 点尺上读数（由物镜看）a</td><td></td></tr>
<tr><td>B 点尺上读数 b_1</td><td></td><td>B 点尺上应读数 b（$b=a-h$）</td><td></td></tr>
<tr><td>$h_1=a_1-b_1$</td><td></td><td>B 点尺上实读数 b'</td><td></td></tr>
</table>

续表

仪器在中点求正确高差			仪器在 A 点旁检验校正		
第二次	A 点尺上读数 a_2		第二次	A 点尺上读数（由物镜看）a	
	B 点尺上读数 b_2			B 点尺上应读数 b（$b=a-h$）	
	$h_2=a_2-b_2$			B 点尺上实读数 b'	
平均	平均高差 $h=$（h_1+h_2）$/2h=$		第三次	A 点尺上读数（由物镜看）a	
				B 点尺上应读数 b（$b=a-h$）	
				B 点尺上实读数 b'	
				视准轴偏上（或下）之数值	

⑤检校结论。

(3) 经纬仪检验与校正。

①经纬仪的一般检查的检验（见表 7-7）。

表 7-7　经纬仪的一般检查

检查内容	检查结果
三脚架是否牢稳	
螺旋洞等处是否清洁	
望远镜成像是否清晰	
其他	

②水准管轴垂直于仪器竖轴的检验（见表 7-8）。

表 7-8　水准管轴垂直于仪器竖轴的检验

照准部转 180°检验次数	1	2	3	4	5
气泡偏差格数					

③十字丝竖丝垂直于水平轴的检验（见表 7-9）。

表 7-9　十字丝竖丝垂直于水平轴的检验

检验次数	误差是否显著
1	
2	

④视准轴垂直于水平轴的检验（见表 7-10）

表 7-10　视准轴垂直于水平轴的检验

	目标	横尺读数			目标	横尺读数	
第一次检验		（盘左）B_1		第二次检验		（盘左）B_1	
		（盘右）B_2				（盘右）B_2	
		1/4（B_2-B_1）				1/4－（B_2-B_1）	
		$B_2-1/4$（B_2-B_1）				$B_2-1/4(B_2-B_1)$	

⑤水平轴垂直于竖直轴的检验（见表 7-11）。

表 7-11 水平轴垂直于竖直轴的检验

检验次数	*ab* 两点距离
1	
2	

⑥检校结论。

(4) 其他仪器工具情况说明。

3. 控制测量

(1) 钢尺量距记录（见表 7-12)。

表 7-12 钢尺量距记录表

日期________ 天气________ 观测________ 记录________

测线		各边丈量长度/m		总长度	平均长度	相对长度	备注
		整尺段	零尺段				
精度要求：							

（2）经纬仪导线测量手簿（见表 7-13）。

表 7-13　经纬仪导线测量手簿

日期________　　天气________　　观测________　　记录________

测站	盘位	目标	水平度盘读数/°′″	半测回角值/°′″	一测回角值/°′″	水平距离/m	已知方位角/°′″
	左						
	右						
	左						
	右						
	左						
	右						
	左						
	右						
	左						
	右						
	左						
	右						
	左						
	右						
测站示意图							

(3) 导线坐标计算表（见表 7-14）。

表 7-14 导线坐标计算表

点号	观测角	角度改正数	改正后角值	坐标方位角	边长	坐标增量		改正后坐标增量		坐标		点号	备注
						X/m	Y/m	X/m	Y/m	X/m	Y/m		
1	2	3	4	5	6	7	8	9	10	11	12	13	
Σ													
辅助计算								示意图					

（4）精密量距记录手簿（见表 7-15）。

表 7-15　精密量距记录手簿

尺段	次数	前尺读数/m	后尺读数/m	尺段长度/m	温度改正数/mm	高差改正数/mm	尺长改正数/mm	改正后尺段长度/m	备注

$AB_{往}$　　　　（m）　　　　　　　　　　$AB_{返}=$　　　　　　（m）

$D_{AB}=AB_{往}+AB_{返}=$　　　　　　　　（m）　　　　$K=\dfrac{|AB_{往}-AB_{返}|}{D_{AB}}=$

（5）水准测量记录手簿（见表 7-16）。

表 7-16 水准测量记录手簿

日期________ 天气________ 观测________ 记录________

测站	测点	后视读数/m	前视读数/m	高差		高程/m	备注
				+	−		
计算检核							

（6）水准高程计算表（见表 7-17）。

表 7-17 水准高程计算表

日期________ 天气________ 观测________ 记录________

测站	测点	实测高度/m	高差改正数/m	改正后高差/m	高程/m	备注
辅助计算						

（7）控制测量成果表（见表 7-18）。

表 7-18 控制测量成果表

点号	坐标		高程 H/m
	X/m	Y/m	
点位示意图			

4. 地形测量手簿

地形测量手簿见表 7-19。

表 7-19 地形测量手簿

测站： 后视： 仪器高 $i=$ 指标差 $X=$ 测站高程 $H=$

点号	视距/m	瞄准高/m	竖盘读数/°′	竖直角/°′	初算高差/m	改正数/m	改正高差/m	水平角/°′	水平距离/m	高程/m	备注

日期______ 天气______ 观测______ 绘图______ 记录______

5. 建筑物定位放线与抄平的资料及检查记录

(1) 设计资料。

(2) 计算放样数据及绘制放样略图。

(3) 放样过程。

(4) 检查记录。

6. 个人实训小结

实训小结包括目的要求，测区情况，实训主要内容及过程，成果或结论，收获体会等。

7. 指导教师评语

7.3 仪器操作考核

仪器操作考核分为水准仪、经纬仪两大项目，具体考评办法及标准见表 7-20 的有关要求。

表 7-20 仪器操作考核

<table>
<tr><th>项目
仪器</th><th>考核内容</th><th>考核要求</th><th colspan="2">考核标准</th></tr>
<tr><td rowspan="5">水准仪的操作</td><td rowspan="5">(1) 安置仪器整平
(2) 照准水准尺
(3) 精平
(4) 读取中丝读数(红黑面两次读数)</td><td rowspan="5">(1) 水准管符合气泡影像错动≤1 mm
(2) 按技术规程操作
(3) 红黑面读数≤±3 mm</td><td>优</td><td>时间在 2min 内</td></tr>
<tr><td>良</td><td>时间在 3min 内</td></tr>
<tr><td>中</td><td>时间在 4min 内</td></tr>
<tr><td>及格</td><td>时间在 5min 内</td></tr>
<tr><td>不及格</td><td>时间超过 5min</td></tr>
<tr><td rowspan="5">经纬仪的操作</td><td rowspan="5">(1) 安置仪器整平
(2) 照准目标
(3) 读取水平度盘读数(正倒镜读数)</td><td rowspan="5">(1) 对中误差≤±2 mm
(2) 水准管气泡偏差<1 格
(3) 按技术规程操作
(4) 正倒镜读数差<±40″</td><td>优</td><td>时间在 4min 内</td></tr>
<tr><td>良</td><td>时间在 5min 内</td></tr>
<tr><td>中</td><td>时间在 6min 内</td></tr>
<tr><td>及格</td><td>时间在 7min 内</td></tr>
<tr><td>不及格</td><td>时间超过 7min</td></tr>
<tr><td>说明</td><td colspan="4">(1) 每班全员考核
(2) 考核过程任何人不准提示，考核过程中和考核完毕，主考人检查是否满足考核要求
(3) 考核过程中采用秒表二人独立计时方法，取平均值为最终时间
(4) 可分经纬仪、水准仪两组同时进行</td></tr>
</table>

7.4 测量实训成绩评定

测量实训成绩由课堂实训、集中实训和仪器操作考核三部分成绩进行评定。

实训成绩＝课堂实训成绩×0.4＋集中实训成绩×0.4＋仪器操作考核成绩×0.2

其中个人的集中实训成绩＝小组成绩×0.3＋个人成绩×0.7

最后按不同分数综合评定为优、良、中、及格和不及格五个等级，没有参加仪器操作考核者最好成绩记为良，不能记为优。

第 8 章　路桥地基处理实训

8.1　地基处理实训大纲

8.1.1　第一学期地基处理实训大纲

第一学期地基处理实训大纲详见表 8-1。

表 8-1　第一学期地基处理实训大纲

序号	实验项目名　称	内容提要	实验学时	每组人数	实验类型	实验类别	实验要求
1	土的密度	掌握用环刀切取土样的技能、使用天平的规则	2	3	验证	专业基础	必做
2	含水率实验	测定土在各种条件下的含水率，学会使用电热干燥箱等仪器的操作	2	3	验证	专业基础	必做
3	界限含水率	掌握光电式液塑限测定仪的使用方法	2	3	验证	专业基础	必做
4	直接剪切	掌握应变控制式直剪仪的使用方法，了解仪器的性能、试验数据的处理、计算、绘图	2	3	综合	专业基础	必做
5	固结	了解固结仪的使用方法，加深对土样固结稳定、固结程度的理解	2	3	综合	专业基础	必做
6	土的密实度实验	会应用现行有关规范，做系列实验（颗分、液塑限、标准击实），求出最佳含水率、最大干密度、评定压实度指标	2	3	综合	专业基础	必做
7	渗透实验	应用不同渗透仪对不同粗、细土渗透系数的测定	2	3	验证	专业基础	任选
8	土颗粒大小分析实验	应用土壤分析筛、比重计对土样粒径分析	2	3	验证	专业基础	任选
9	承载比试验	测定土承受标准，将贯入探头贯入土中时土相应的承载力，求取扰动土的承载比 CBR	2	3	设计性	专业基础	任选
备注	其中，密度实验、含水率实验穿插在界限含水率、直剪、固结等实验中进行						

8.1.2 第二学期地基处理实训大纲

第二学期地基处理实训大纲详见表8-2。

表8-2 地基处理技术第二学期实训大纲

序号	实验项目名称	内容提要	实验学时	每组人数	实验类型	实验类别	实验要求
10	地基处理的监测与检验方法	观看施工录像或现场对处理后的地基进行监测与检验，以掌握该施工工序及所用机械	2	8	综合	专业	必做
11	换填垫层法	观看施工录像或现场对地基进行换填垫层处理，以掌握该施工工序及所用机械	2	8	综合	专业	必做
12	强夯法和强夯置换法	观看施工录像或现场对地基进行强夯法和强夯置换处理，以掌握该施工工序及所用机械		28	综合	专业	必做
13	灰土挤密桩法和土挤密桩法	观看施工录像或现场对地基进行挤密桩处理，以掌握该施工工序及所用机械	2	8	综合	专业	必做
14	砂桩法	观看施工录像或现场对地基进行砂桩处理，以掌握该施工工序及所用机械	2	8	综合	专业	任选
15	石灰桩法	观看施工录像或现场对地基进行碎石桩处理，以掌握该施工工序及所用机械	2	8	综合	专业	任选
16	水泥土搅拌法	观看施工录像或现场对地基进行水泥土搅拌处理，以掌握该施工工序及所用机械	2	8	综合	专业	必做
17	夯实水泥土桩法	观看施工录像或现场对地基进行夯实水泥土桩处理，以掌握该施工工序及所用机械	2	8	综合	专业	必做

续表

序号	实验项目名称	内容提要	实验学时	每组人数	实验类型	实验类别	实验要求
18	高压喷射注浆法	观看施工录像或现场对地基进行高压喷射注浆处理，以掌握该施工工序及所用机械	2	8	综合	专业	必做
19	水泥粉煤灰碎石（CFG）法	观看施工录像或现场对地基进行 CFG 处理，以掌握该施工工序及所用机械	2	8	综合	专业	必做
20	灌浆法	观看施工录像或现场对地基进行灌浆处理，以掌握该施工工序及所用机械	2	8	综合	专业	必做
21	特殊土地基处理	观看施工录像或现场对进行各种特殊土地基处理，以掌握该施工工序及所用机械	10	8	综合	专业	必做

8.2　地基处理实训内容

8.2.1　第一学期地基处理实训内容

实训一　土的密度实验

1. 目的要求

测定土在天然状态下单位体积的质量。

2. 试验方法适用范围

(1) 一般黏性土，宜采用环刀法。

(2) 易破碎，难以切削的土，可采用蜡封法。

(3) 对于砂土与砂砾土，可用现场的灌砂法或灌水法。

3. 仪器设备

符合规定要求的环刀，精度为 0.01 g 的天平，其他还有：切土刀、凡士林等。

4. 操作步骤

(1) 测出环刀的容积 V，在天平上称环刀质量 m_1。

(2) 取直径和高度略大于环刀的原状土样或制备土样。

(3) 环刀取土：在环刀内壁涂一薄层凡士林，将环刀刃口向下放在土样上，随即将环刀垂直下压，边压边削，直至土样上端伸出环刀为止。将环刀两端余土削去修平（严禁在土面上反复涂抹），然后擦净环刀外壁。

（4）将取好土样的环刀放在天平上称量，记下环刀与湿土的总质量 m_2。

5. 数据记录与计算

（1）数据记录。

密度试验记录表见表 8-3。

表 8-3　密度试验记录表（环刀法）

试样编号	土样类别	环刀号	湿土质量/g	体积/cm³	湿土密度/(g·cm⁻³)	含水率/%	干密度/(g·cm⁻³)	平均干密度/(g·cm⁻³)
			(1)	(2)	(3) $=\frac{(1)}{(2)}$	(4)	(5) $=\frac{(3)}{1+0.01\times(4)}$	(6)

（2）计算土的密度。

土的湿密度可按下式计算：

$$\rho_0=\frac{m_0}{V}=\frac{m_2-m_1}{V}$$

式中　ρ_0——土的湿密度，g/cm³；

m_0——湿土的质量，g；

V——湿土的体积（环刀的容积），cm³；

m_1——环刀质量，g；

m_2——环刀与湿土的总质量，g。

土的干密度可按下式计算

$$\rho_d=\frac{\rho_0}{1+0.01\omega_0}$$

式中　ρ_d——土的干密度，g/cm³；

ω_0——土的含水率，%。

要求：密度试验应进行两次平行测定，两次测定的差值不得大于 0.03 g/cm³，取两次试验结果的平均值。

实训二　土的含水率实验

1. 目的要求

土的含水率是土在 105 ℃～110 ℃下烘至恒量时所失去的水的质量和干土质量的百分比值。土在天然状态下的含水率为土的天然含水率。

试验的目的：测定土的含水率。

2. 试验方法适用范围

(1) 烘干法：室内试验的标准方法，一般黏性土都可以采用。

(2) 酒精燃烧法：适用于快速简易测定细粒土的含水率。

(3) 比重法：适用于砂类土。

3. 仪器设备

(1) 烘箱：采用电热烘箱。

(2) 天平：称量 200 g，分度值 0.01 g。

(3) 其他：干燥器，称量盒。

4. 试验操作步骤

(1) 取代表性试样，黏性土为 15～30 g，砂性土、有机质土为 50 g，放入质量为 m_0 的称量盒内，立即盖上盒盖，称湿土加盒总质量 m_1，精确至 0.01 g。

(2) 打开盒盖，将试样和盒放入烘箱，在温度 105 ℃～110 ℃的恒温下烘干。烘干时间与土的类别及取土数量有关。黏性土不得少于 8 h；砂类土不得少于 6 h；对含有机质超过 10%的土，应将温度控制在 65 ℃～70℃的恒温下烘至恒量。

(3) 将烘干后的试样和盒取出，盖好盒盖放入干燥器内冷却至室温，称干土加盒质量为 m_2，精确至 0.01 g。

5. 计算

(1) 本试验记录格式见表 8-4。

表 8-4　含水率试验记录表

试样编号	土样说明	盒号	盒的质量/g	盒加湿土质量/g	盒加干土质量/g	水的质量/g	干土质量/g	含水率/%	平均含水率/%
			(1)	(2)	(3)	(4) = (2)−(3)	(5) = (3)−(1)	(6) = (4)/(5)	(7)

(2) 计算土的含水率

$$\omega_0 = \left(\frac{m_0}{m_d} - 1\right) \times 100$$

式中　m_d——干土的质量，g。

要求：

①干土质量计算至 0.1%。

②本试验需进行两次平行测定，取其算术平均值，允许平行差值应符合表 8-5 所示的规定。

表 8-5　允许平行差值　%

含水量	小于 10	10～40	大于 40
允许平行差值	0.5	1.0	2.0

实训三　土的液塑限联合测定仪法试验

1. 目的要求

细粒土由于含水率不同，分别处于流动状态、可塑状态、半固体状态和固体状态。液限是细粒土呈可塑状态的上限含水率，塑限是细粒土呈可塑状态的下限含水率。本试验是测定细粒土的液限和塑限含水率，用做计算土的塑性指标和液性指数，以划分土的工程类别和确定土的状态。

2. 试验原理

黏性土的黏性随着含水量变化，其物理状态和力学性质也发生明显的变化。重塑土处于液态时在自重作用下不能保持其形状，并发生类似于液体的流动；土体处于可塑状态，在重力作用下能保持形状，在外力作用下将发生塑性变形而不断裂，外力消失后能保持外力消失前一时刻的形状而不变，有一定的抗剪强度。通过给予试样一个小的外力，在一定时间内变形达到规定值时的含水量。塑限试验利用的是土体处于可塑时，在外力作用下产生任意变形而不发生断裂；当土体处于半固态、变形达到一定值（或受力较大）时发生断裂的特点。试验时给予一定外力，使试样变形达到规定刚好出现裂缝时所对应的含水量作为塑限含水量。

3. 试验方法

液限、塑限测定可以采用液限、塑限联合测定仪法。

4. 仪器设备

液限、塑限联合测定仪（见图 8-1）、调土刀、0.5 mm 孔径分析筛、凡士林、纯水、恒温烘箱、天平、铝盒、干燥器、铅丝篮等。

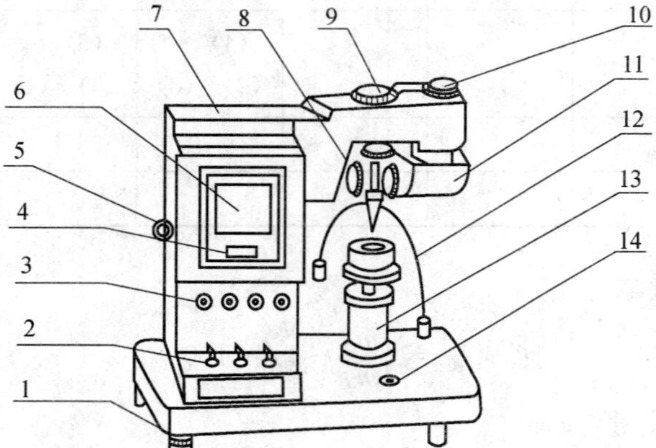

图 8-1　液限、塑限联合测定仪

1—水平调节螺丝；2—控制开关；3—指示发光管；4—零线调节旋钮；5—反射镜调节螺杆；6—屏幕；7—机壳；8—物镜调节螺丝；9—电磁装置；10—光源调节螺丝；11—光源装置；12—圆锥仪；13—升降台；14—水准泡

5. 试验步骤

（1）液限、塑限联合测定法试验步骤如下：

①本试验宜采用天然含水率试样，当土样不均匀时，采用风干试样，当试样中含有粒径大于 0.5 mm 的土粒和杂物时，应过 0.5 mm 孔径分析筛。

②当采用天然含水率土样时，取代表性土样 250 g；采用风干试样时，取 0.5 mm 孔径分析筛下的代表性土样 200 g，将试样放在橡皮板上用纯水将土样调成均匀膏状，放入调土皿，浸润过夜。

③将制备的试样充分调拌均匀，填入试样杯中，填样时不应留有空隙，较干的试样应充分搓揉，密实地填入试样杯中，填满后刮平表面。

④将试样杯放在联合测定仪的升降台上，在圆锥上抹一薄层凡士林，接通电源，使电磁铁吸住圆锥。

⑤调节零点，将屏幕上的标尺调在零位，调整升降座，使圆锥尖接触试样表面，指示灯亮时圆锥在自重下沉入试样，经 5 s 后测读圆锥下沉深度（显示在屏幕上），取出试样杯，挖去锥尖入土处的凡士林，取锥体附近的试样不少于 10 g，放入称量盒内，测定含水率。

⑥将全部试样再加水或吹干并调匀，重复步骤③～⑤分别测定第二点、第三点试样的圆锥下沉深度及相应的含水率。液、塑限联合测定应不少于三点（注：圆锥入土深度宜为 3～4 mm，7～9 mm，15～17 mm）。

⑦以含水率为横坐标，圆锥入土深度为纵坐标，在双对数坐标纸上绘制关系曲线，见图 8-2。三点应在一直线上，见图中 A 线。当三点不在一直线上时，通过高含水率的点和其余两点连成两条直线，在下沉为 2 mm 处查得相应的两个含水率，当两个含水率的差值小于 2%时，应以两点含水率的平均值与高含水率的点连一直线，如图中 B 线；当两个含水率的差值大于或等于 2%时，应重做试验。

⑧在含水率与圆锥下沉深度的关系图上查得下沉深度为 17 mm 所对应的含水率为液限，查得下沉深度为 10 mm 所对应的含水率为 10 mm 液限，查得下沉深度为 2 mm 所对应的含水率为塑限，取值以百分数表示，准确至 0.1%。

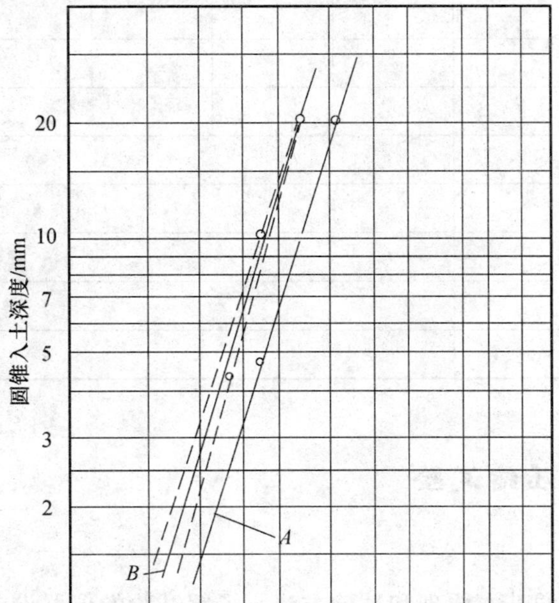

图 8-2 圆锥下沉深度与含水率关系曲线

⑨塑性指数应按下式计算

$$I_P = \omega_L - \omega_P$$

式中 I_P——塑性指数；

ω_L——液限，%；

ω_P——塑限，%。

液性指数应按下式计算

$$I_L = \frac{\omega_0 - \omega_P}{I_P}$$

式中 I_L——液性指数，计算至 0.01。

6. 数据记录与计算

液限、塑限联合试验记录表见表 8-6。

表 8-6　液限塑限联合试验记录表

试样编号						
圆锥下沉深度/mm						
盒号						
盒质量/g						
盒＋湿土质量/g						
盒＋干土质量/g						
湿土质量/g						
干土质量/g						
水的质量/g						
含水率/%						
平均含水率/%						
液限 ω_L/%						
塑限 ω_p/%						
塑性指数 I_P						
液性指数 I_L						
土的分类						

实训四　土的压缩试验

1. 目的要求

掌握土的压缩试验的基本原理和试验方法，了解试验的仪器设备，熟悉试验的操作步骤，掌握压缩试验成果的整理方法，计算压缩系数、压缩模量，并绘制土的压缩曲线。

2. 试验原理

由土力学知识知道，土体在外力作用下的体积减少是由孔隙体积减少引起的，可以用孔隙比的变化来表示。在侧向不变形的条件下，试样在荷载增 Δp 量作用下，孔隙比的变化 Δe 可用无侧向变形条件下的压缩量公式表示为

$$s=\frac{e_1-e_2}{1+e_1}H$$

式中　s——土样在 Δp 作用下的压缩量，cm；

H——土样在 p_1 作用下压缩稳定后的厚度，cm；

e_1，e_2——土样厚为 H 时的孔隙比和在 Δp 作用压缩稳定后（压缩沉降量为 s）的孔隙比。孔隙比 e_2 对应的压力为 $p_2=p_1+\Delta p$，得到 e_2 的表达式为

$$e_2=e_1-\frac{s}{H}(1+e_1)$$

由上述公式可知，只要知道土样在初始条件下：$p_0=0$ 时的高度 H_0 和孔隙比 e_0，就可以计算出每级荷载 p_i 作用下的孔隙比 e_i。由（p_i，e_i）可以绘出 e-p 曲线。

3. 试验方法

试验范围：适用于饱和的黏质土（当只进行压缩试验时，允许用于非饱和土）。

试验方法：标准固结试验；快速固结试验（规定试样在各级压力下的固结时间为 1 h，仅在最后一级压力下，除测记 1 h 的量表读数外，还应测读达到压缩稳定时的量表读数）。

4. 仪器设备

(1) 固结容器：环刀、护环、透水板、水槽以及加压上盖等，见图 8-3。

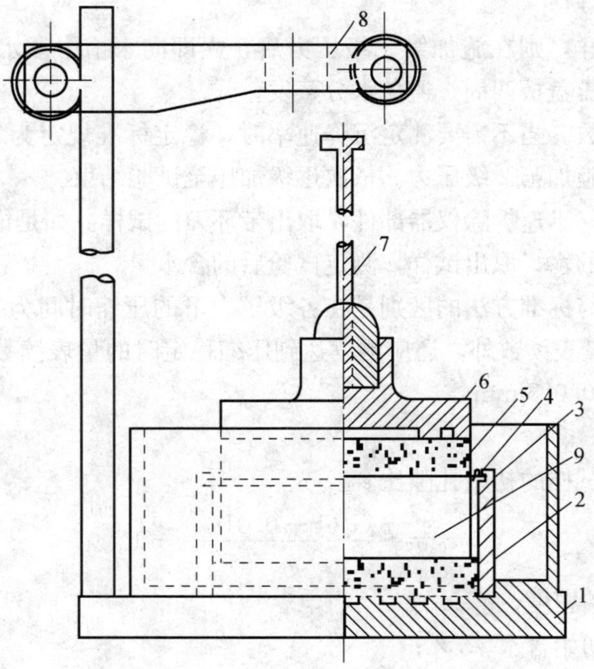

图 8-3　固结仪示意图

1—水槽；2—护环；3—环刀；4—导环；5—透水板；6—加压上盖；7—位移计导杆；8—位移计架；9—试样

①环刀：内径为 61.8 mm 和 79.8 mm，高度为 20 mm，环刀应具有一定的刚度，内壁应保持较高的光洁度，宜涂一薄层硅脂或聚四氟乙烯。

②透水板：由氧化铝或不受腐蚀的金属材料制成，其渗透系数应大于试样的渗透系数。

用固定式容器时，顶部透水板直径应小于环刀内径0.2～0.5 mm；用浮环式容器时上下端透水板直径相等，均应小于环刀内径。

（2）加压设备：应能垂直地在瞬间施加各级规定的压力，且没有冲击力，压力准确度应符合现行国家标准《土工仪器的基本参数及通用技术条件》（GB/T 15406）的规定。

（3）变形量测设备：量程10 mm，最小分度值为0.01 mm的百分表或准确度为全量程0.2%的位移传感器。

5. 试验步骤

（1）根据工程需要，切取原状土试样或制备给定密度与含水量的扰动土样。

（2）按试验一、试验二的方法，测定试样的密度及含水量。对于试样需要饱和时，按规范规定的方法将试样进行抽气饱和。

（3）在固结容器内放置护环、透水板和薄滤纸，将带有环刀的试样，小心装入护环内，然后在试样上放薄滤纸、透水板和加压盖板，置于加压框架下，对准加压框架的正中，安装量表。

（4）施加1 kPa的预压压力，使试样与仪器上下各部分之间接触良好，然后调整量表，使指针读数为零。

（5）确定需要施加的各级压力。加压等级一般为12.5 kPa、25.0 kPa、50.0 kPa、100 kPa、200 kPa、400 kPa、800 kPa、1600 kPa、3200 kPa。最后一级压力应大于上覆土层的计算压力100～200 kPa。

（6）如是饱和试样，则在施加第1级压力后，立即向水槽中注水至满。如是非饱和试样，须用湿棉围住加压盖板四周，避免水分蒸发。

（7）测记稳定读数。当不需要测定沉降速率时，稳定标准规定为每级压力下固结24 h。测记稳定读数后，再施加第2级压力。依次逐级加压至试验结束。

（8）试验结束后，迅速拆除仪器部件，取出带环刀的试样。如是饱和试样，则用干滤纸吸去试样两端表面上的水，取出试样，测定试验后的含水量。

注：采用快速法与标准方法的区别是在各级压力下的压缩时间为1 h，仅在最后一级压力下，除测记1 h的量表读数外，还应测读达到压缩稳定时的量表读数。稳定标准为量表读数每小时变化不大于0.005 mm。

6. 计算与制图

（1）按下式计算试样的初始孔隙比 e_0。

$$e_0 = \frac{\rho_\omega G_s(1 + 0.01\omega_0)}{\rho_0} - 1$$

式中 ρ_0——试样初始密度，g/cm³；

ω_0——试样的初始含水率，%；

G_s——土粒比重。

（2）按下式计算各级压力下固结稳定后的孔隙比 e_i。

$$e_i = e_0 - (1 + e_0)\frac{\Delta h_i}{h_0}$$

式中 Δh_i——某级压力下试样高度变化，即总变形量减去仪器变形量，cm；

h_0——试样初始高度，cm。

(3) 各级压力下试样校正后的总变形量按下式计算

$$\sum \Delta h_i = (h_i)_t \frac{(h_n)_T}{(h_n)_t} = K(h_i)_t$$

(4) 按下式计算某一级压力范围内的压缩系数 α_v。

$$\alpha_v = \frac{e_i - e_{i+1}}{P_{i+1} - P_i}$$

(5) 绘制 $e-p$ 的关系曲线。以孔隙比为 e 纵坐标，压力为 p 横坐标，将试验成果点在图上，连成一条光滑的曲线。

(6) 要求：用压缩系数判断土的压缩性。

7. 本试验记录格式

快速法固结试验记录表见表 8-7。

表 8-7 快速法固结试验记录表

试样起始高度：h_0＝ mm		$K=\frac{(h_n)_T}{(h_n)_t}=$		初始孔隙比 e_0＝	
加压历时/h	压力/kPa	校正前试样总变形量/mm	校正后试样总变形量/mm	压缩后试样高度/mm	压缩稳定后孔隙比
	P	$(h_n)_t$	$\sum\Delta h_i=K(h_i)_t$	$h=h_0-\sum\Delta h_i$	e_i
1					
1					
1					
1					
1					
稳定					

实训五 土的直接剪切试验

1. 目的要求

掌握土的直接剪切试验的基本原理和试验方法，了解试验的仪器设备，熟悉试验的操作步骤，掌握直接剪切试验成果的整理方法，根据土的剪切曲线计算土的内聚力和摩擦角。

2. 试验原理

直剪试验中采用圆柱状试样，在竖直方向加法向力 $\boldsymbol{P}$，在预定剪切面上、下加一对剪力 $\boldsymbol{T}$ 使试样剪切。试验时，剪力 $\boldsymbol{T}$ 自零开始增加，剪切位移 δ 也自零增加。剪破时，剪力 $\boldsymbol{T}$ 达到最大值 $\boldsymbol{T}_{\max}$，对应剪破面上剪力达到抗剪强度，即

$$\delta = \boldsymbol{P}/A$$

$$\tau_f = \boldsymbol{T}_{\max}/A$$

式中 $\boldsymbol{P}$，$\boldsymbol{T}$——代表法向力和剪力；

τ_f——剪破面上抗剪强度；

$\boldsymbol{T}_{max}$——试样受最大剪力；

A——剪破面面积。

当采用4个试样，用不同的法向应力δ_i作用于竖直方向，剪切时得到不同抗剪强度τ_{fi}。将4组（δ_i，τ_{fi}），在图8-4的坐标系中，用最小二乘法作强度曲线，强度曲线（见图8-4）在纵坐标上的截距为凝聚力$\boldsymbol{C}$，与水平线的夹角为内摩擦角φ。

3. 试验方法

直剪试验根据法向力$\boldsymbol{P}$和剪力$\boldsymbol{T}$的施加速度或作用时间的长短分成下述三种：

（1）快剪（q）：法向力$\boldsymbol{P}$刚加好，就快速加剪力$\boldsymbol{T}$剪破试样。

（2）固结快剪（C_q）：法向力$\boldsymbol{P}$作用于试样上后，让试样固结排水，产生竖向压缩变形，待固结稳定后，再快速施加水平剪力使试样剪破。要求试样在剪切过程中来不及排水。

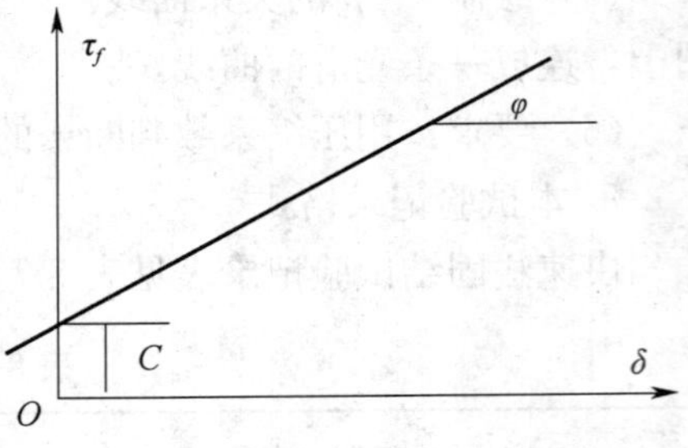

图8-4 直剪试验强度曲线

（3）慢剪（S）：试样在法向力$\boldsymbol{P}$作用下固结完成后，慢速施加水平剪力$\boldsymbol{T}$，使试样剪切至破坏。要求试样在剪切过程中不产生孔隙水压力。

4. 仪器设备

（1）应变控制式直剪仪（见图8-5）：由剪切盒、垂直加压设备、剪切传动装置、测力计、位移量测系统组成。

（2）环刀：内径61.8 mm，高度20 mm。

（3）位移量测设备：量程为10 mm，分度值为0.01 mm的百分表；或准确度为全量程0.2%的传感器。

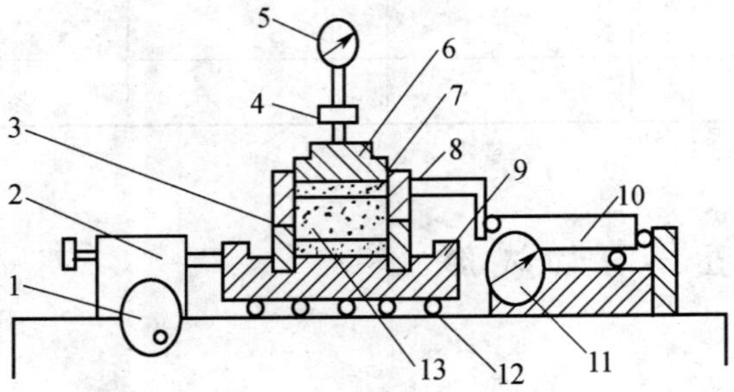

图8-5 应变控制式直剪仪构造

1—剪切传动机构；2—推动器；3—下盒；4—垂直加压框架；5—垂直位移计；6—传压板；7—透水板；8—上盒；9—储水盒；10—测力计；11—水平位移计；12—滚珠；13—试样

5. 试验步骤

（1）慢剪试验步骤如下。

①对准剪切容器上下盒，插入固定销，在下盒内放透水板和滤纸，将带有试样的环刀刃口向上，对准剪切盒口，在试样上放滤纸和透水板，将试样小心地推入剪切盒内（注：滤纸和透水板的湿度应接近试样的湿度）。

②移动传动装置，使上盒前端钢珠刚好与测力计接触，依次放上传压板，加压框架，安

装垂直位移和水平位移量测装置，并调至零位或测记初读数。

③根据工程实际和土的软硬程度施加各级垂直压力，对松软试样垂直压力应分级施加，以防土样挤出。施加压力后，向盒内注水，当试样为非饱和试样时，应在加压板周围包以湿棉纱。

④施力垂直压力后，每 1 h 测读垂直变形一次，直至试样固结变形稳定。变形稳定标准为每小时不大于 0.005 mm。

⑤拔去固定销，以小于 0.02 mm/min 的剪切速度进行剪切，试样每产生剪切位移 0.2～0.4 mm测记测力计和位移读数，直至测力计读数出现峰值，应继续剪切至剪切位移为 4 mm 时停机，记下破坏值；当剪切过程中测力计读数无峰值时，应剪切至剪切位移为 6 mm 时停机。

⑥剪应力应按下式计算

$$\tau = C \cdot R / A_0。$$

式中 C——试样所受的剪应力，kPa；

R——测力计量表读数（0.01 mm）。

⑦以剪应力为纵坐标，剪切位移为横坐标，绘制剪应力与剪切位移关系曲线见图 8-6，取曲线上剪应力的峰值为抗剪强度，无峰值时，取剪切位移 4 mm 所对应的剪应力为抗剪强度。

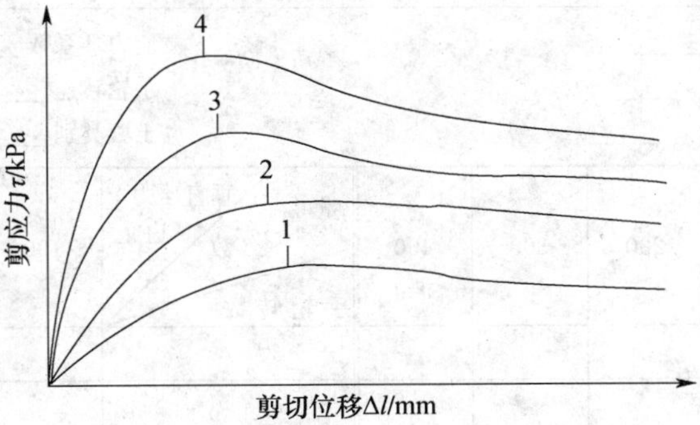

图 8-6 剪应力与剪切位移关系曲线

⑧以抗剪强度为纵坐标，垂直压力为横坐标，绘制抗剪强度与垂直压力的关系曲线见图 8-7，直线的倾角为摩擦角，直线在纵坐标上的截距为黏聚力。

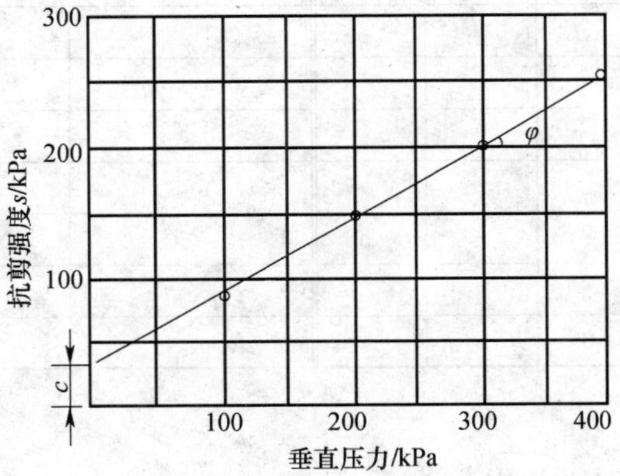

图 8-7 抗剪强度与垂直压力的关系曲线

（2）固结快剪试验步骤。

①试样制备、安装和固结，应按慢剪试验步骤进行。

②固结快剪试验的剪切速度为 0.8 mm/min，使试样在 3～5 min 内剪损，其剪切步骤应按慢剪步骤进行。

③固结快剪试验的计算应按慢剪中的规定进行。

④固结快剪试验的绘图应按慢剪中的规定进行。

（3）快剪试验步骤。

①试样制备、安装应按慢剪的步骤进行；安装时应以硬塑料薄膜代替滤纸，不需安装垂直位移量测装置。

②施加垂直压力，拔去固定销，立即以 0.8 mm/min 的剪切速度按慢剪的步骤进行剪切至试验结束。使试样在 3～5 min 内剪损。

③固结快剪试验的计算应按慢剪中的规定进行。

④固结快剪试验的绘图应按慢剪中的规定进行。

6. 试验记录和试验成果

（1）土的直接剪切试验记录见表 8-8。

表 8-8　土的直接剪切试验

仪器号__________　　应力环系数__________

土　号__________　　手轮转速__________

试验方法__________　　土壤类别__________

垂直压力/kPa 量表读数 手轮转数	100	200	300	400	垂直压力/kPa 量表读数 手轮转数	100	200	300	400
抗剪强度									
剪切历时									
固结时间									
剪切前压缩量									

（2）计算。

①计算各级压力土的抗剪强度。

②抗剪强度与垂直压力关系曲线见图 8-8。以及抗剪强度指标。

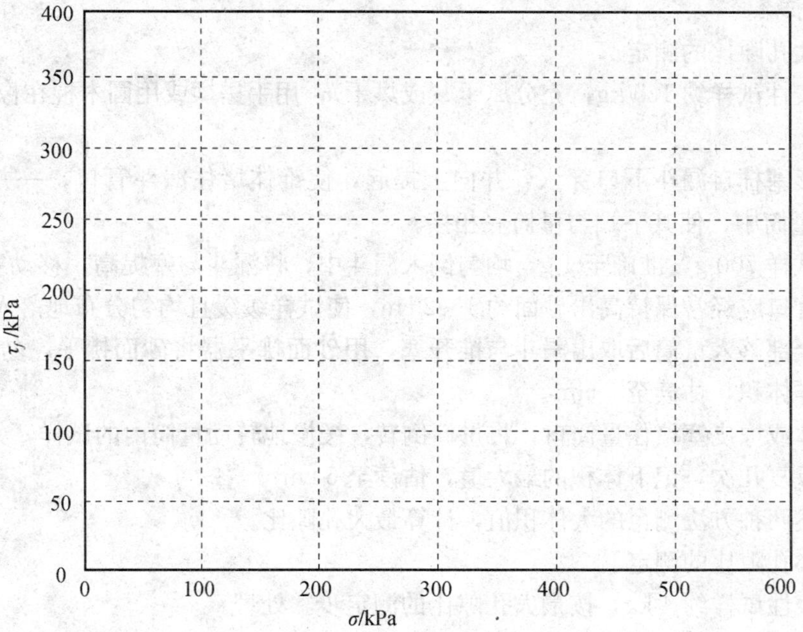

图 8-8 抗剪强度与垂直压力的关系曲线

实训六 土的密实度实验

1. 目的要求

相对密度是砂紧密程度的指标，等于其最大孔隙比与天然孔隙比之差和最大孔隙比与最小孔隙比之差的比值。

本试验的目的是求无凝聚性土的最大与最小孔隙比，用于计算相对密度，了解该土在自然状态或经压实松紧情况和土粒结构的稳定性。

本试验适用于颗粒直径小于 5 mm 的土，且粒径为 2～5 mm 的试样质量不大于试样总质量的 15%。

2. 仪器设备

(1) 量筒：容积 500 cm^3 及 1 000 cm^3 两种，后者内径应大于 6 cm。

(2) 长颈漏斗：颈管内径约为 1.2 cm，颈口磨平。

(3) 锥形塞：直径约 1.5 cm 的圆锥体镶于铁杆上。

(4) 砂面拂平器。

(5) 电动最小孔隙比仪。如无此种仪器，可用下列 (6)～(8) 设备。

(6) 金属容器。有以下两种：

①容积 250 cm^3，内径 5cm，高度 6.7 cm。

②容积 1 000 cm^3，内径 10cm，高度 6.7cm。

(7) 振动仪。

(8) 击锤：锤重 1.25 kg，高度 150 mm，锤座直径 50 mm。

(9) 台秤：感量 1 g。

3. 试验步骤

(1) 最大孔隙比的测定。

①取代表性试样约 1.5 kg，充分风干（或烘干），用手搓揉或用圆木棍在橡皮板上碾散，并拌和均匀。

②将锥形塞杆自漏斗下口穿入，并向上提起，使锥体堵住漏斗管口，一并放入体积为 1 000 cm^3 的量筒中，使其下端与量筒底相接。

③称取试样 700 g，准确至 1 g，均匀倒入漏斗中，将漏斗与塞提高，移动塞杆使锥体略离开管口，管口应经常保持高出砂面约 1～2 cm，使试样缓缓且均匀分布地落入量筒中。

④试样全部落入量筒后取出漏斗与锥开塞，用砂面拂平器将砂面拂平，勿使量筒振动，然后测读砂样体积，估读至 5 cm^3。

⑤以手掌或橡皮塞堵住量筒口，将量筒倒转，缓慢地转动量筒内的试样，并回到原来的位置，如此重复几次，记下体积的最大值，估读至 5 cm^3。

⑥取上述两种方法测得的大体积值，计算最大孔隙比。

(2) 最小孔隙比的测定。

①取代表性试样约 4 kg，按最大孔隙比的测定步骤处理。

②分三次倒入容器进行振击，先取上述试样 600～800 g（其数量应使振击后的体积略大于容器容积的 1/3）倒入 1 000 cm^3 容器内，用振动仪以各 150～200 次/分钟的速度敲打容器两侧，并在同一时间内，用击锤在试样表面锤击 30～60 次/分钟，直至砂样体积不变为止（一般为 5～10 min）。敲打时要用足够的力量使试样处于振动状态；振击时，粗砂可用较少击数，细砂应用较多击数。

③如用电动最小孔隙比试验仪时，当试样同上法装入容器后，开动电动机，进行振击试验。

④进行后二次加土的振动和锤击，第三次加土时应先在容器口安装套环。

⑤最后一次振毕，取下环，用修土刀齐容器顶面削去多余试样，称量，准确至 1 g，计算其最干密度小孔隙比。

4. 结果整理

(1) 按下列式子计算最小与最大干密度

$$\rho_{d\min} = m/V_{\max}$$
$$\rho_{d\max} = m/V_{\min}$$

式中 $\rho_{d\min}$——最小干密度，g/cm^3；

$\rho_{d\max}$——最大干密度，g/cm^3；

m——试样质量，g；

$V_{\max}$——试样最大体积，cm^3；

$V_{\min}$——试样最小体积，cm^3；

计算至 0.01 g/cm^3。

(2) 按下列公式计算最大孔隙比与最小孔隙比

$$e_{\max} = \rho_{\omega} G_s/\rho_{d\min} - 1$$
$$e_{\min} = \rho_{\omega} G_s/\rho_{d\max} - 1$$

式中 $e_{\max}$——最大孔隙比；

e_{min}——最小孔隙比；

G_s——土粒比重；

其余符号同前。

计算至 0.01。

(3) 按下列公式计算相对密实度

$$D_r=(e_{max}-e_0)/(e_{max}-e_{min})$$

$$D_r=(\rho_d-\rho_{dmin})\times\rho_{dmax}/(\rho_{dmax}-\rho_{dmin})\rho_d$$

式中　D_r——相对密实度；

e_0——天然孔隙比或填土的相应孔隙比；

ρ_d——天然干密度或填土的相应干密度，g/cm^3。

计算至 0.01。

(4) 试验记录格式。

试验记录格式见相对密实度试验记录表，见表 8-9。

表 8-9　相对密实度试验记录表

工程名称＿＿＿＿＿＿＿　　试验者＿＿＿＿＿＿＿

土样编号＿＿＿＿＿＿＿　　计算者＿＿＿＿＿＿＿

试验日期＿＿＿＿＿＿＿　　校核者＿＿＿＿＿＿＿

	试验项目	最大孔隙比		最小孔隙比		备注
	试验方法	漏斗法		振击法		
试样质量	(1)					
试样体积	(2)					
干密度	(3)					
平均干密度	(4)					
土粒比重	(5)					
天然干密度	(6)					
相对密实度	(7)					

5. 精密度和允许差

最小干密度与最大干密度，均须进行两次平行测定，取其算术平均值，其平行差值不得超过 $0.03\ g/cm^3$。

6. 报告

(1) 砂类土的鉴别分类和代号。

(2) 砂的相对密实度 D_r 值。

相对密实度试验记录表如表 8-9 所示。

实训七　渗透实验

1. 常水头渗透试验

(1) 适用范围。适用于砂类土和含少量砾石的无凝聚性土。

试验用水应采用实际作用于土的天然水。如有困难，允许用蒸馏水或一般经过滤的清水，但试验前必须用抽气法或煮沸法脱气。试验时水温宜高于试验室温度 3 ℃～4 ℃。

（2）仪器设备。常水头渗透仪（70 型渗透仪）：有封底圆筒高 40 cm，内径 10 cm，与筒边连接处有铜丝布；玻璃测压管内径为 0.6 cm，用橡皮管与测压孔相连。

其他：木锤、秒表、天平等。

（3）试验步骤。

①将仪器装好，接通调节管和供水管，使水流到仪器底部，水位略高于金属孔板，关止水夹。

②取具有代表性土样 3～4 kg，称量，准确至 1 g，并测其风干含水量。

③将土样分层装入仪器，每层厚 2～3 cm，用木锤轻轻击实到一定厚度，以控制孔隙比。如土样含黏粒比较多，应在金属孔板上加铺约 2 cm 厚的粗砂作为缓冲层，以防细粒被水冲走。

④每层试样装好后，慢慢开启止水夹，水由筒底向上渗入，使试样逐渐饱和。水面不得高出试样顶面。当水与试样顶面齐平时，关闭止水夹。饱和时水流不可太急，以免冲动试样。

⑤如此分层装入试样、饱和，至高出测压孔 3～4 cm 为止，量出试样顶面至筒顶高度，计算试样高度，称剩余土质量，准确至 0.1 g，计算装入试样总质量。在试样上面铺 1～2 cm 砾石作缓冲层，放水，至水面高出砾石层 2 cm 左右时，关闭止水夹。

⑥将供水管和调节管分开，将供水管置入圆筒内，开启止水夹，使水由圆筒上部注入，至水面与溢水孔齐平为止。

⑦静置数分钟，检查各测压管水位是否与溢水孔齐平；如不齐平，说明仪器有集气或漏气，需挤测压管上的橡皮管，或用吸球在测压管上部将集气吸出，调至水位齐平为止。

⑧调节管的管口位置，水即渗过试样，经调节管流出。此时调节止水夹，使进入筒内的水量多于渗出水量，溢水孔始终有余水流出，以保持筒中水面不变。

⑨测压管水位稳定后，测记水位，计算水位差。

⑩开动秒表，同时用量筒摘取一定时间的渗透水量，并重复一次，接水时，调节管出水口不浸入水中。

⑪测记进水和出水处水温，取其平均值。

⑫降低调节管管口至试样中部及下部 1/3 高度处，改变水力坡降 H/L，重复步骤⑧～步骤⑪进行测定。

（4）结果整理。

①按下式计算渗透系数

$$k_T = \frac{QL}{AHt}$$

式中 k_T——水温 T 摄氏度时试样渗透系数，cm/s；

Q——时间 t 内的渗透水量，cm^3；

L——两测压孔中心之间的试样高度（等于测压孔中心间距：L＝100 cm）；

A——试样的断面积，cm^2；

H——平均水位差，cm；

t——时间，s。

②常水头渗透试验记录格式见表 8-10。

表 8-10 常水头渗透试验记录表

工程名称______ 仪器编号______ 试样高度 h______cm 试验者______

土样编号______ 压孔间距 L=______cm 试样干质量 m_s=______g 计算者______

土样说明______ 试样断面积 A______cm^2 土粒比重 G_s=______ 校核者______

孔隙比 e=______ 试验日期______

试验次数	经过时间/s	测压管水位/cm			水位差			水力坡降	渗透水量/cm^3	渗透系数/($cm \cdot s^{-1}$)	平均水温 T	校正系数 η_T/η_{20}	水温20℃时的渗透系数/($m \cdot s^{-1}$)	平均渗透系数 k_{20}
		1管	2管	3管	H_1	H_2	平均 H							
1	2	3	4	5	6	7	8	9	10	11	12	13	14	15
1														
2														
3														
4														
5														
6														

（5）精密度和允许差。

一个试样多次测定时，应在所测结果中取3～4次允许差值符合规定的测值，求平均值作该试样在某孔隙比 e 时的渗透系数，允许差值不大于 2×10^{-n}。

2. 变水头渗透试验

（1）适用范围。

本试验方法适用于黏质土。本试验采用的蒸馏水，应在试验前用抽气法或煮沸法进行脱气。试验时的水温，宜高于室温3℃～4℃。

（2）仪器设备。

①渗透容器上盖、透水石、环刀、下盖、套环。

②变水头装置（南55型渗透仪）：变水头管内径均匀，且不大于1 cm，管外应有精度1 mm的刻度。

③负压装置：或用抽气机。

④其他：切土器、温度计、削土刀、秒表、钢丝锯、凡士林。

（3）试验步骤。

①根据需要，用环刀垂直或平行于土样层面切取原状土样，或制备成给定密度的扰动土样，并进行充水饱和，切取土样时，应尽量避免结构扰动，严禁用修土刀反复擦抹试样表面，以免表面的孔隙堵塞或受压缩，影响试验结果。

②将环刀外壁涂一薄层凡士林，推入护环内，刮除撤出的多余凡士林。

③放入浸润的透水石及滤纸，盖上上、下盖，拧紧固定螺杆。

④把装好试样的容器的进水孔与变水头装置连通，开启止水夹，使水头管内充水，视水头管水面是否与储水瓶水面齐平。同时将容器侧立，排气孔向上，并把排气孔上止水夹打开。然后开止水夹，至排气孔中水不带气泡时为止，关闭排气孔止水夹，平放好容器。

⑤在不大于200 cm高水头作用下，静置某一时间，待容器出水孔有水溢出后，开始测定。

⑥关闭负压控制阀，将容器出水孔与负压装置接通，关闭止水夹，开启螺旋止水阀，储

水瓶中水流入溢水瓶，储水瓶上部产生负压。当负压作用和水头平衡时，水流停止，溢水盆无水溢出，否则应检修。

⑦打开止水夹，使负压装置和容器接通，试样因受负压作用开始渗流。若溢水盆水流增量多于量筒中水流增量，说明装置有漏气现象，应重新检查，如试样和环刀内壁不密合，则试样应重新制作。

⑧经检查无漏气后，开动秒表，测记开始至终止时量筒内水面读数，准确至 0.1 cm^3，量测储水瓶至溢水盆间水位并准确至 1 cm；同时测记滤水器开始与终止时水温，准确至 0.5 ℃，取平均值。

⑨改变溢水盆高程，变更水力坡降，按步骤⑧继续测定。

⑩如用抽气机产生负压，则调整负压控制阀，产生一定的负压（通过真空压力表读出），按步骤⑧测记量筒内水面读数和开始及终止时滤水器内水温，调整负压控制阀，改变负压，重复测记一次。

(4) 结果整理。

按下式计算试样渗透系数

$$k_{\tau}=2.3\frac{aL}{A(t_2-t_1)}\log\frac{H_1}{H_2}$$

式中 a——变水头的断面积，cm^2；

2.3——ln 和 log 的变换因数；

L——试样高度，cm；

A——试样断面积，cm^2；

t_2、t_1——测读水头的起始和终止时间，s；

H_1、H_2——起始和终止时水头。

(5) 变水头渗透试验记录格式见表 8-11。

表 8-11 变水头渗透试验记录

工程名称________ 仪器编号________ 测压管断面积 a=________ 试验者________

土样编号________ 试样断面积 A=________ cm^2 孔隙比=________ 计算者________

土样说明________ 试样高度=________ cm 试验日期________ 校核者________

历时			开始水头 H_1	终止水头 H_2	$2.3\frac{aL}{A(t_2-t_1)}$	$\log\frac{H_1}{H_2}$	平均水温 T	水温 T 摄氏度时渗透系数 K_T	校正系数 η_T/η_{20}	水温 20 ℃时渗透系数/($cm\cdot s^{-1}$)	平均渗透系数 k_{20}
开始时间 t_1	终止时间 t_2	历时									

实训八 土颗粒大小分析实验

1. 筛分法

(1) 适用范围。

本试验法适用于分析粒径大于0.074 mm的土。

(2) 仪器设备。

①标准筛。粗筛（圆孔）：孔径为60 mm、40 mm、20 mm、10 mm、5 mm、2 mm；细筛：孔径为2 mm、0.5 mm、0.25 mm、0.074 mm。

②天平。称量5 000 g，感量5 g；称量1 000 g，感量1 g；称量200 g，感量0.2 g。

③摇筛机。

④其他。烘箱、筛刷、烧杯、木碾、研钵及杵等。

(3) 试样。从风干、松散的土样中，用四分法按照下列规定取出具有代表性的试样：

①小于2 mm颗粒的土100～300 g。

②最大粒径小于10 mm的土300～900 g。

③最大粒径小于20 mm的土1 000～2 000 g。

④最大粒径小于40 mm的土2 000～4 000 g。

⑤最大粒径大于40 mm的土4 000 g以上。

(4) 试验步骤。

①对于无凝聚性的土：

a. 按规定称取试样，将试样分批过2 mm筛。

b. 将大于2 mm的试样按从大到小的次序，通过大于2 mm的各级粗筛，将留在筛上的土分别称量。

c. 2 mm筛下的土如数量过多，可用四分法缩分至100～800 g。将试样从大到小的次序通过小于2 mm的各级细筛，可用摇筛机进行振摇。振摇时间一般为10～15 min。

d. 由最大孔径的筛开始，顺序将各筛取下，在白纸上用手轻叩摇晃，至每分钟筛下数量不大于该级筛余质量的1%为止。漏下的土粒应全部放入下一级筛内，并将留在各筛上的土样用软毛刷刷净，分别称量。

e. 筛后各级筛上和筛底土总质量与筛前试样质量之差，不应大于1%。

f. 如2 mm筛下的土不超过试样总质量的10%，可省略经筛分析，如2 mm筛上的土不超过试样总质量的10%，可省略粗筛分析。

②对于含有黏土粒的砂砾土：

a. 将土样放橡皮板上，用木碾将黏结的土团充分碾散，拌匀、烘干、称量。如土样过多时，用四分法称取代表性土样。

b. 将试样置于盛有清水的差瓷盆中，浸泡并搅拌，使粗细颗粒分散。

c. 将浸润后的混合液过2 mm筛，边冲边洗过筛，直至筛上仅留大于2 mm以上的土粒为止。然后，将筛上洗净的砂砾风干称量，按以上方法进行粗筛分析。

d. 通过2 mm筛下的混合液存放在盆中，待稍沉淀，将上部悬液过0.074 mm洗筛，用带橡皮头的玻璃棒研磨盆内浆液，再加清水搅拌、研磨、静置、过筛，反复进行，直至盆内悬液澄清。最后，将全部土粒倒在0.074 mm筛上，用水冲洗，直到筛上仅留大于0.074 mm净砂为止。

e. 将大于0.074 mm的净砂烘干称量，并进行细筛分析。

f. 将大于2 mm颗粒及2～0.074 mm的颗粒质量从原称量的总质量中减去，即为小于0.074 mm颗粒质量。

g. 如果小于 0.074 颗粒质量超过总土质量的 10%，必要时，将这部分土烘干、取样，另做比重计或移液管分析。

(5) 结果整理。

①按下式计算小于某粒径颗粒质量百分数

$$X = \frac{m_A}{m_B} \cdot d_X$$

式中 X——小于某粒径的颗粒质量占总土质量的百分比，%；

m_A——小于某粒径的颗粒质量，g；

m_B——试样的总质量，g；

d_X——粒径小于 2 mm 的颗粒质量总质量的百分比，%。

②在半对数坐标纸上，以小于某粒径的颗粒质量百分数为纵坐标，以粒径（mm）为横坐标，绘制颗粒大小级配曲线，求出各粒径的颗粒质量百分数，以整数（%）表示。

③必要时按下式计算不均匀系数

$$C_u = d_{60}/d_{10}$$

式中 C_u——不均匀系数；

d_{60}——限制粒径，即土中小于该粒径的颗粒质量为 60%的粒径，mm；

d_{10}——有效粒径，即土中小于该粒径的颗粒质量为 10%的粒径，mm。

④颗料分析实验记录格式如表 8-12 所示。

(6) 报告。

①土的鉴别分类和代号。

②颗粒级配曲线。

③不均匀系数。

表 8-12 颗粒分析试验记录（筛分法）

工程名称＿＿＿＿＿＿＿＿ 试验者＿＿＿＿＿＿＿＿

土样编号＿＿＿＿＿＿＿＿ 计算者＿＿＿＿＿＿＿＿

土样说明＿＿＿＿＿＿＿＿ 试验日期＿＿＿＿＿校核者＿＿＿＿

筛前总土质量=＿＿＿＿＿＿g 小于 2 mm 取试样质量=＿＿＿g

小于 2 mm 土质量=＿＿＿＿＿g 小于 2 mm 土占总土质量=＿＿＿＿＿

粗筛分析				细筛分析				
孔径/mm	累积留筛土质量/g	小于 2 mm 孔径的土质量/g	小于 2 mm 孔径土质量百分比/%	孔径/mm	累积留筛土质量/g	小于 2 mm 孔径的土质量/g	小于 2 mm 孔径质量百分比/%	占总土质量百分比/%

2. 比重计法

(1) 适用范围。

本试验方法适用于分析粒径小于0.074 mm的土。

(2) 仪器设备。

①比重计。

a. 甲种比重计：刻度单位以20 ℃时每1 000 mL悬液内所含土质量的克数表示，刻度为−5～50，最小分度值为0.5。

b. 乙种比重计：刻度单位以20 ℃时悬液的比重表示，刻度为0.995～1.020，最小分度值为0.000 2。

c. 量筒：容积为1 000 mL，内径为60 mm，高度为350±10 mm，刻度为0～1 000 mL。

d. 细筛：孔径为2 mm、0.5 mm、0.25 mm；洗筛：孔径为0.074 mm。

e. 天平：称量100 g，感量0.1 g；称量100 g，感量0.01 g。

f. 温度计：测量范围0 ℃～50 ℃，精度0.5 ℃。

g. 洗筛漏斗：上口径略大于洗筛直径，下口径略小于量筒直径。

h. 煮沸设备：电热板或电砂浴。

i. 搅拌器：底板直径50 mm，孔径约3 mm。

j. 其他：离心机、烘箱、三角烧瓶（500 mL）、烧杯（400 mL）、阵发性皿、研钵、木碾、称量铝盒、秒表等。

(3) 试剂。浓度为25%的氨水、氢氧化钠（NaOH）、草酸钠（$Na_2C_2O_4$）、六偏磷酸钠[$(NaPO_3)_6$]、焦磷酸钠 $NaP_4O_7 \cdot 10H_2O$ 等，如须进行洗盐手续，应有10%盐酸、5%氯化钡、10%硝酸、5%硝酸银及6%双氧水等。

(4) 试样。比重计分析土样应采用风干土。土样充分碾散，通过2 mm筛（土样风干可在烘箱内以不超过50 ℃温度鼓风干燥）。

(5) 比重计校正。比重计的校正应符合下列规定：

①比重计刻度校正与土粒沉降距离校正。

②温度校正，比重计是20 ℃时刻制的，当悬液温度不等于20 ℃时，应进行校正，温度校正值见表8-13。

表8-13 温度校正值

悬液温度/℃	甲种比重计温度校正值 m_t	乙种比重计温度校正值 m_t'	悬液温度/℃	甲种比重计温度校正值/m_t	乙种比重计温度校正值 m_t'
10.0	−2.0	−0.001 2	20.0	+0.0	+0.000 0
10.5	−1.9	−0.001 2	20.5	+0.1	+0.000 1
11.0	−1.9	−0.001 2	21.0	+0.3	+0.000 2
11.5	−1.8	−0.001 2	21.5	+0.5	+0.000 3
12.0	−1.8	−0.001 1	22.0	+0.6	+0.000 4
12.5	−1.7	−0.001 1	22.5	+0.8	+0.000 5
13.0	−1.6	−0.001 0	23.0	+0.9	+0.000 6
13.5	−1.5	−0.001 0	23.5	+1.1	+0.000 7

续表

悬液温度/℃	甲种比重计温度校正值 m_t	乙种比重计温度校正值 m_t'	悬液温度/℃	甲种比重计温度校正值/m_t	乙种比重计温度校正值 m_t'
14.0	−1.4	−0.000 9	24.0	+1.3	+0.000 8
14.5	−1.3	−0.000 9	24.5	+1.5	+0.000 9
15.0	−1.2	−0.000 8	25.0	+1.7	+0.001 0
15.5	−1.1	−0.000 8	25.5	+1.9	+0.001 1
16.0	−1.0	−0.000 7	26.0	+2.1	+0.001 3
16.5	−0.9	−0.000 6	26.5	+2.2	+0.001 4
17.0	−0.8	−0.000 6	27.0	+2.5	+0.001 5
17.5	−0.7	−0.000 5	27.5	+2.6	+0.001 6
18.0	−0.5	−0.000 4	28.0	+2.9	+0.001 8
18.5	−0.4	−0.000 3	28.5	+3.1	+0.001 9
19.0	−0.3	−0.000 2	29.0	+3.3	+0.002 1
19.5	−0.1	−0.000 1	29.5	+3.5	+0.002 2
20.0	−0.0	−0.000 0	30.0	+3.7	+0.002 3

实训九　承载比（CBR）试验

1. 适用范围。

本试验方法只适用于在规定的试筒内制件后，对各种土和路面基层、底基层材料进行承载比试验。

试样的最大粒径宜控制在 25 mm 以内，最大不得超过 38 mm。

2. 仪器设备

（1）圆孔筛：孔径 38 mm、25 mm、20 mm 及 5 mm 筛各 1 个。

（2）试筒：内径 152 mm、高 170 mm 的金属圆筒；套环，高 50 mm；筒内垫块，直径 151 mm、高 50 mm；夯击底板，同击实仪。

（3）夯锤和导管：夯锤的底面直径 50 mm，总质量 4.5 kg。夯锤在导管内部的行程为 450 mm，夯锤的形式和尺寸与重型击实试验法所用的相同。

（4）贯入杆：端面直径 50 mm、长约 100 mm 的金属柱。

（5）路面材料强度仪或其他载荷装置：能量不小于 50 kN，能调节贯入速度至每分钟贯入 1 mm，可采用测力计式。

（6）百分表 3 个。

（7）试件顶面上的多孔板（测试件吸水时的膨胀量）。

（8）多孔底板（试件放上后浸泡水中）。

（9）测膨胀量时支撑百分表的架子。

(10) 荷载板：直径150 mm，中心孔眼直径52 mm，每块质量1.25 kg，共4块，并沿直径分为两个半圆块。

(11) 水槽：浸泡试件用，槽内水面应高出试件顶面25 mm。

(12) 其他台秤，感量为试件用量的0.1%；拌和盘；直尺；滤纸；脱模器等与击实试验相同。

3. 试样

将具有代表性的风干试料（必要时可在50 ℃烘箱内烘干），用木碾捣碎，但应尽量注意不使土或粒料的单个颗粒破碎。土团均应捣碎至通过5 mm的筛孔。

采取有代表性的试料50 kg，用38 mm筛筛除大于38 mm的颗料，并记录超尺寸颗粒的百分数，将已过筛的试料按四分法取出约25 kg。再用四分法将取出的试料分成4份。每份质量6 kg，供击实试验和制试件之用。

在预定做击实试验的前一天，取有代表性的试料测定其风干含水量。

4. 试验步骤

(1) 称试筒本身质量（m_1），将试筒固定在底板上，将垫块放入筒内，并在垫块上放一张滤纸，安上套环。

(2) 将1份试料，按规定的层数和每层击数，求试料的最大干密度和最佳含水量。

(3) 将其余3份试料，按最佳含水量制备3个试件，将一份试料平铺于金属盘内，按事先计算得的该份试料应加的水量均匀地喷洒在试料上。

用小铲将试料充分拌到均匀状态，然后装入密闭容器或塑料口袋内浸润备用。

浸润时间：重黏土不得少于24 h，轻黏土可缩短到12 h，砂土可缩短到1 h，天然砂砾可缩短到2 h左右。

制每个试件时，都要取样测定试料的含水量。

注意：需要时，可制备三种干密度试件。如每种干密度试件制3个，则共制9个试件。每层击数分别为30次、50次和98次，使试件的干密度从低于95%到等于100%的最大干密度，这样，9个试件共需试料约55 kg。

(4) 将试筒放在坚硬的地面上，取备好的试样分3～5次倒入筒内（视最大料径而定）。按五层法时，每层需试样900 g(细粒土)～1 100 g(粗粒土)；按三层法时，每层需试样约1 700g左右，(其量应使击实后的试样高出1/3筒高1～2 mm)。整平表面，并稍加压紧，然后按规定的击数进行第一层试样的击实，击实时锤应自由垂直落下，锤迹必须均匀分布于试样面上。第一层击实完后，将试样层面“拉毛”，然后再装入套筒。重复上述方法进行其余每层试样的击实，大试筒击实后，试样不宜高出筒高10 mm。

(5) 卸下套环，用直刮刀沿试筒顶修平击实的试件，表面不平整处用细料修补。取出垫块，称试筒和试件的质量（m_2）。

(6) 泡水测膨胀量的步骤如下：

①在试件制成后，取下试件顶面的破残滤纸，放一张好滤纸，并在上面安装附有调节杆的多孔板，在多孔板上加4块荷载板。

②将试筒与多孔板一起放入槽内（先不放水），并用拉杆将模具拉紧，安装百分表，并读取初读数。

③向水槽内放水，使水自由进到试件的顶部和底部。在泡水期间，槽内水面应保持在试

件顶面以上大约 25 mm，通常试件要泡水 4 昼夜。

④泡水终止时，读取试件上百分表的终读数，并用下式计算膨胀量

$$膨胀量 = 泡水后试件高度变化 / 原试件高(120\ mm) \times 100$$

⑤从水槽中取出试件，倒出试件顶面的水，静置 15 min，让其排水，然后卸去附加荷载和多孔板、底板和滤纸，并称量（m_3），以计算试件的温度和密度的变化。

（7）贯入试验。

①将泡水试验终止的试件放到路面材料强度试验仪的升降台上，调整偏球座，使贯入杆与试件顶面全面接触，在贯入杆周围放置 4 块荷载板。

②先在贯入杆上施加 45 N 荷载，然后将测力和测变形的百分表的指针都调整至零点。

③中荷使贯入杆以 1～1.25 mm/ min 的速度压入试件，记录测力计内百分表某些整读数（如 20、40、60）时的贯入量，并注意使贯入量为 250×10^{-2} mm 时，能有 5 个以上的读数。因此，测力计内的第一个读数应是贯入量的30×10^{-2} mm左右。

5. 结果整理

（1）以单位压力（P）为横坐标，贯入量（L）为纵坐标，绘制 P—L 关系曲线。

（2）一般采用贯入量为 2.5 cm 时的单位压力与标准压力之比作为材料的承载比（CBR），即

$$\mathrm{CBR}_{2.5} = \frac{P}{7\,000} \times 100$$

式中 $\mathrm{CBR}_{2.5}$——贯入量为 2.5 cm 时的承载比，%；

7 000——贯入量为 2.5 cm 时所对应的标准压力，kPa；

P——单位压力，kPa。

同时计算贯入量为 5.0 mm 时的承载比

$$\mathrm{CBR}_{5.0} = \frac{P}{10\,500} \times 100$$

如当贯入量为 5 mm 的承载比大于 2.5 mm 的承载比时，则试验须重作。如结果仍然如此，则采用 5 mm 时的承载比。

（3）试件的湿密度用下式计算

$$\rho = (m_2 - m_1)/2\,177$$

式中 ρ——试件的湿密度，g/ cm³；

m_2——试筒和试件的总质量，g；

m_1——试筒的质量，g；

2 177——试筒的容积，cm³。

（4）试件的干密度用下式计算

$$\rho_d = \rho/(1 + 0.01\omega)$$

式中 ρ_d——试件的干密度，g/cm³；

ω——试件的含水量。

（5）泡水后试件的吸水量按下式计算

$$m_a = m_3 - m_2$$

式中 m_a——泡水后试件的吸水量，g；

m_3——泡水后试筒和试件的总质量，g；

m_2——试筒和试件的总质量，g。

6. 精度要求

如根据 3 个平行试验结果计算得到的承载比变异系数 C_V 大于 12%，则去掉一个偏离大的值，取其余两个结果的平均值；如 C_V 小于 12%，则 3 个平行试验结果计算得到的干密度偏差小于 0.03 g/cm³；则取 3 个结果的平均值；如 3 个试验结果计算得到的干密度偏差超过 0.03 g/cm³，则去掉一个偏离大的值，取其余两个结果的平均值。

7. 报告

(1) 材料的颗粒组成，最佳含水量（%）和最大干密度（g/cm³）。

(2) 材料的承载比（%），承载比小于 100，准确到 5%；承载比大于 100，准确到 10%。

(3) 材料的膨胀量（%）。

贯入试验记录见表 8-14，膨胀量试验记录见表 8-15。

表 8-14　贯入试验记录

土样编号＿＿＿＿＿＿＿＿　　试验者＿＿＿＿＿＿＿＿

最大干密度＿＿＿＿ g/cm³　　计算者＿＿＿＿＿＿＿＿

最佳含水量＿＿＿＿＿＿%　　校核者＿＿＿＿＿＿＿＿

每层击数＿＿＿＿＿＿＿＿　　试验日期＿＿＿＿＿＿＿＿

试件编号＿＿＿＿＿＿＿＿

量力环校正系数 C=＿＿＿＿ N/0.01 mm，贯入杆面积 A=＿＿＿＿ cm²。

$$P = C \times R/A$$

L=2.5 mm 时，P=＿＿＿＿ kPa　CBR=＿＿＿＿%

L=5.0 mm 时，P=＿＿＿＿ kPa　CBR=＿＿＿＿%

荷载测力计百分表读数 R	单位压力 P/kPa	百分表读数（0.01 mm）	贯入量 L/ mm

表 8-15　膨胀量试验记录

	试验次数			1	2	3
膨胀量	筒号	(1)				
	泡水前试件（原试件）高度/ mm	(2)				
	泡水后试件高度/ mm	(3)				
	膨胀量/%	(4)	[(3)−(2)]/ (2)×100			
	膨胀量平均值/%					

续表

密度	筒质量/g	(5)				
	筒+试件质量/g	(6)				
	筒体积/ cm^3	(7)				
	湿密度/($g\cdot cm^{-3}$)	(8)	[(6)−(5)]/(7)			
	含水量/%	(9)				
	干密度/($g\cdot cm^{-3}$)	(10)	(8)/1+(0.01ω)			
	干密度平均值/($g\cdot cm^{-3}$)					
吸水量	泡水后试筒+试件总质量/g	(11)				
	吸水量 ω_a/g	(12)	(11)−(6)			
	吸水量平均值/g					

8.2.2 第二学期地基处理实训内容

实训十 地基处理的监测与检验方法

1. 地基与桩体强度

地基与桩体强度包括单桩和复合地基静载荷试验、标准贯入试验、静力触探与动力触探试验、桩身高应变检测、钻芯法等。

2. 地基变形

地基变形包括地基沉降与水平位移测试。

3. 应力监测

应力监测包括土压力和孔隙水压力测试。

4. 桩身完整性

采用桩身低应变检测和声波透射法测试。

5. 动力特性

采用波速测试、地基刚度测试等。

实训十一 换填垫层法

(1) 垫层施工应根据不同的换填材料选择施工机械

粉质黏土、灰土宜采用平碾、振动碾或羊足碾，中小型工程也可采用蛙式夯、柴油夯。砂石等宜用振动碾。粉煤灰宜采用平碾、振动碾、平板振动器、蛙式夯。矿渣宜采用平板振动器或平碾，也可采用振动碾。

(2) 垫层的施工方法、分层铺填厚度、每层压实遍数等宜通过试验确定

除接触下卧软土层的垫层底部应根据施工机械设备及下卧层土质条件确定厚度外，一般情况下，垫层的分层铺填厚度可取 200～300 mm。

为保证分层压实质量，应控制机械碾压速度。

(3) 粉质黏土和灰土垫层土料的施工含水量宜控制在最优含水量 $\omega_{op}\pm2\%$ 的范围内，粉煤灰垫层的施工含水量宜控制在 $\omega_{op}\pm4\%$ 的范围内。最优含水量可通过击实试验确定，也可按当地经验取用。

(4) 当垫层底部存在古井、古墓、洞穴、旧基础、暗塘等软硬不均的部位时，应根据建筑对不均匀沉降的要求予以处理，并经检验合格后，方可铺填垫层。

(5) 基坑开挖时应避免坑底土层受扰动，可保留约 200 mm 厚的土层暂不挖去，待铺填垫层前再挖至设计标高。严禁扰动垫层下的软弱土层，防止其被践踏、受冻或受水浸泡。在碎石或卵石垫层底部宜设置 150～300 mm 厚的砂垫层或铺一层土工织物，以防止软弱土层表面的局部破坏，同时必须防止基坑边坡坍土混入垫层。

(6) 换填垫层施工应注意基坑排水，除采用水撼法施工砂垫层外，不得在浸水条件下施工，必要时应采用降低地下水位的措施。

(7) 垫层底面宜设在同一标高上，如深度不同，基坑底土面应挖成阶梯或斜坡搭接，并按先深后浅的顺序进行垫层施工，搭接处应夯压密实。

粉质黏土及灰土垫层分段施工时，不得在柱基、墙角及承重窗间墙下接缝。上下两层的缝距不得小于 500 mm。接缝处应夯压密实。灰土应拌合均匀并应当日铺填夯压。灰土夯压密实后 3 d 内不得受水浸泡。粉煤灰垫层铺填后宜当天压实，每层验收后应及时铺填上层或封层，防止干燥后松散起尘污染，同时应禁止车辆碾压通行。

垫层竣工验收合格后，应及时进行基础施工与基坑回填。

(8) 铺设土工合成材料时，下铺地基土层顶面应平整，防止土工合成材料被刺穿、顶破。铺设时应把土工合成材料张拉平直、绷紧，严禁有折皱；端头应固定或回折锚固；切忌暴晒或裸露；连接宜用搭接法、缝接法和胶结法，并均应保证主要受力方向的连接强度不低于所采用材料的抗拉强度。

实训十二　强夯法和强夯置换法

(1) 强夯锤质量可取 10～40 t，其底面形式宜采用圆形或多边形，锤底面积宜按土的性质确定，锤底静接地压力值可取 25～40 kPa，对于细颗粒土，锤底静接地压力宜取较小值。锤的底面宜对称设置若干个与其顶面贯通的排气孔，孔径可取 250～300 mm。强夯置换锤底静接地压力值可取 100～200 kPa。

(2) 施工机械宜采用带有自动脱钩装置的履带式起重机或其他专用设备。采用履带式起重机时，可在臂杆端部设置辅助门架，或采取其他安全措施，防止落锤时机架倾覆。

(3) 当场地表土软弱或地下水位较高，夯坑底积水影响施工时，宜采用人工降低地下水位或铺填一定厚度的松散性材料，使地下水位低于坑底面以下 2 m。坑内或场地积水应及时排除。

(4) 施工前应查明场地范围内的地下构筑物和各种地下管线的位置及标高等，并采取必要的措施，以免因施工而造成损坏。

(5) 当强夯施工所产生的振动对邻近建筑物或设备会产生有害的影响时，应设置监测点，并采取挖隔振沟等隔振或防振措施。

(6) 强夯施工可按下列步骤进行：

①清理并平整施工场地。

②标出第一遍夯点位置，并测量场地高程。

③起重机就位，夯锤置于夯点位置。

④测量夯前锤顶高程。

⑤将夯锤起吊到预定高度，开启脱钩装置，待夯锤脱钩自由下落后，放下吊钩，测量锤顶高程，若发现因坑底倾斜而造成夯锤歪斜时，应及时将坑底整平。

⑥重复步骤⑤，按设计规定的夯击次数及控制标准，完成一个夯点的夯击。

⑦换夯点，重复步骤③步骤⑥，完成第一遍全部夯点的夯击。

⑧用推土机将夯坑填平，并测量场地高程。

⑨在规定的间隔时间后，按上述步骤逐次完成全部夯击遍数，最后用低能量满夯，将场地表层松土夯实，并测量夯后场地高程。

(7) 强夯置换施工可按下列步骤进行。

①清理并平整施工场地，当表土松软时可铺设一层厚度为 1.0～2.0 m 的砂石施工垫层。

②标出夯点位置，并测量场地高程。

③起重机就位，夯锤置于夯点位置。

④测量夯前锤顶高程。

⑤夯击并逐击记录夯坑深度。当夯坑过深而发生起锤困难时停夯，向坑内填料直至与坑顶平，记录填料数量。如此重复，直至满足规定的夯击次数及控制标准完成一个墩体的夯击。当夯点周围软土挤出影响施工时，可随时清理并在夯点周围铺垫碎石，继续施工。

⑥按由内而外、隔行跳打原则完成全部夯点的施工。

⑦推平场地，用低能量满夯，将场地表层松土夯实，并测量夯后场地高程。

⑧铺设垫层，并分层碾压密实。

(8) 施工过程中应有专人负责下列监测工作：

①开夯前应检查夯锤质量和落距，以确保单击夯击能量符合设计要求。

②在每一遍夯击前，应对夯点放线进行复核，夯完后检查夯坑位置，发现偏差或漏夯应及时纠正。

③按设计要求检查每个夯点的夯击次数和每击的夯沉量。对强夯置换尚应检查置换深度。

(9) 施工过程中应对各项参数及情况进行详细记录。

实训十三　灰土挤密桩法和土挤密桩法

(1) 成孔应按设计要求、成孔设备、现场土质和周围环境等情况，选用沉管（振动、锤击）或冲击等方法。

(2) 桩顶设计标高以上的预留覆盖土层厚度宜符合下列要求：

①沉管（锤击、振动）成孔，宜为 0.50～0.70 m。

②冲击成孔，宜为 1.20～1.50 m。

(3) 成孔时，地基土宜接近最优（或塑限）含水量，当土的含水量低于 12%时，宜对拟处理范围内的土层进行增湿，应于地基处理前 4～6 d，将需增湿的水通过一定数量和一定深度的渗水孔，均匀地浸入拟处理范围内的土层中。

（4）成孔和孔内回填夯实应符合下列要求：

①成孔和孔内回填夯实的施工顺序：当整片处理时，宜从里（或中间）向外间隔1～2孔进行，对大型工程，可采取分段施工；当局部处理时，宜从外向里间隔1～2孔进行。

②向孔内填料前，孔底应夯实，并应抽样检查桩孔的直径、深度和垂直度。

③桩孔的垂直度偏差不宜大于1.5%。

④桩孔中心点的偏差不宜超过桩距设计值的5%。

⑤经检验合格后，应按设计要求，向孔内分层填入筛好的素土、灰土或其他填料，并应分层夯实至设计标高。

（5）铺设灰土垫层前，应按设计要求将桩顶标高以上的预留松动土层挖除或夯（压）密实。

（6）施工过程中，应有专人监理成孔及回填夯实的质量，并应做好施工记录。如发现地基土质与勘察资料不符，应立即停止施工，待查明情况或采取有效措施处理后，方可继续施工。

（7）雨期或冬期施工，应采取防雨或防冻措施，防止灰土和土料受雨水淋湿或冻结。

实训十四　砂桩法

（1）砂石桩施工可采用振动沉管、锤击沉管或冲击成孔等成桩法。当用于消除粉细砂及粉土液化时，宜用振动沉管成桩法。

（2）施工前应进行成桩工艺和成桩挤密试验。当成桩质量不能满足设计要求时，应在调整设计与施工有关参数后，重新进行试验或改变设计。

（3）振动沉管成桩法施工应根据沉管和挤密情况，控制填砂石量、提升高度和速度、挤压次数和时间、电机的工作电流等。

（4）施工中应选用能顺利出料和有效挤压桩孔内砂石料的桩尖结构。当采用活瓣桩靴时，对砂土和粉土地基宜选用尖锥型；对黏性土地基宜选用平底型；一次性桩尖可采用混凝土锥形桩尖。

（5）锤击沉管成桩法施工可采用单管法或双管法。锤击法挤密应根据锤击的能量，控制分段的填砂石量和成桩的长度。

（6）砂石桩的施工顺序：对砂土地基宜从外围或两侧向中间进行，对黏性土地基宜从中间向外围或隔排施工；在既有建（构）筑物邻近施工时，应背离建（构）筑物方向进行。

（7）施工时桩位水平偏差不应大于0.3倍套管外径；套管垂直度偏差不应大于1%。

（8）砂石桩施工后，应将基底标高下的松散层挖除或夯压密实，随后铺设并压实砂石垫层。

实训十五　石灰桩法

（1）石灰材料应选用新鲜生石灰块，有效氧化钙含量不宜低于70%，粒径不应大于70 mm，含粉量（即消石灰）不宜超过15%。

(2) 掺合料应保持适当的含水量，使用粉煤灰或炉渣时含水量宜控制在30%左右。无经验时宜进行成桩工艺试验，确定密实度的施工控制指标。

(3) 石灰桩施工可采用洛阳铲或机械成孔。机械成孔分为沉管和螺旋钻成孔。成桩时可采用人工夯实、机械夯实、沉管反插、螺旋反压等工艺。填料时必须分段压（夯）实，人工夯实时每段填料厚度不应大于400 mm。管外投料或人工成孔填料时应采取措施减小地下水渗入孔内的速度，成孔后填料前应排除孔底积水。

(4) 施工顺序宜由外围或两侧向中间进行。在软土中宜间隔成桩。

(5) 施工前应做好场地排水设施，防止场地积水。

(6) 进入场地的生石灰应有防水、防雨、防风、防火措施，宜做到随用随进。

(7) 桩位偏差不宜大于$0.5d$。

(8) 应建立完整的施工质量和施工安全管理制度，根据不同的施工工艺制定相应的技术保证措施。及时做好施工记录，监督成桩质量，进行施工阶段的质量检测等。

(9) 石灰桩施工时应采取防止冲孔伤人的有效措施，确保施工人员的安全。

实训十六 水泥土搅拌法

(1) 水泥土搅拌法施工现场事先应予以平整，必须清除地上和地下的障碍物。遇有明浜、池塘及洼地时应抽水和清淤，回填黏性土料并予以压实，不得回填杂填土或生活垃圾。

(2) 水泥土搅拌桩施工前应根据设计进行工艺性试桩，数量不得少于两根。当桩周为成层土时，应对相对软弱土层增加搅拌次数或增加水泥掺量。

(3) 搅拌头翼片的枚数、宽度、与搅拌轴的垂直夹角、搅拌头的回转数、提升速度应相互匹配，以确保加固深度范围内土体的任何一点均能经过20次以上的搅拌。

(4) 竖向承载搅拌桩施工时，停浆（灰）面应高于桩顶设计标高300～500 mm。在开挖基坑时，应将搅拌桩顶端施工质量较差的桩段用人工挖除。

(5) 施工中应保持搅拌桩机底盘的水平和导向架的竖直，搅拌桩的垂直偏差不得超过1%；桩位的偏差不得大于50 mm；成桩直径和桩长不得小于设计值。

(6) 水泥土搅拌法施工步骤由于湿法和干法的施工设备不同而略有差异。其主要步骤应为：

①搅拌机械就位、调平。

②预搅下沉至设计加固深度。

③边喷浆（粉）、边搅拌提升直至预定的停浆（灰）面。

④重复搅拌下沉至设计加固深度。

⑤根据设计要求，喷浆（粉）或仅搅拌提升直至预定的停浆（灰）面。

⑥关闭搅拌机械。

在预（复）搅下沉时，也可采用喷浆（粉）的施工工艺，但必须确保全桩长上下至少再重复搅拌一次。

湿法

(7) 施工前应确定灰浆泵输浆量、灰浆经输浆管到达搅拌机喷浆口的时间和起吊设备提升速度等施工参数，并根据设计要求通过工艺性成桩试验确定施工工艺。

(8) 所使用的水泥都应过筛，制备好的浆液不得离析，泵送必须连续。拌制水泥浆液的罐数、水泥和外掺剂用量以及泵送浆液的时间等应有专人记录；喷浆量及搅拌深度必须采用经国家计量部门认证的监测仪器进行自动记录。

(9) 搅拌机喷浆提升的速度和次数必须符合施工工艺的要求，并应有专人记录。

(10) 当水泥浆液到达出浆口后，应喷浆搅拌 30 s，在水泥浆与桩端土充分搅拌后，再开始提升搅拌头。

(11) 搅拌机预搅下沉时不宜冲水。当遇到硬土层下沉太慢时，方可适量冲水，但应考虑冲水对桩身强度的影响。

(12) 施工时如因故停浆，应将搅拌头下沉至停浆点以下 0.5 m 处，待恢复供浆时再喷浆搅拌提升。若停机超过 3 小时，宜先拆卸输浆管路，并妥加清洗。

(13) 壁状加固时，相邻桩的施工时间间隔不宜超过 24 h。如间隔时间太长，与相邻桩无法搭接时，应采取局部补桩或注浆等补强措施。

干法

(14) 喷粉施工前应仔细检查搅拌机械、供粉泵、送气（粉）管路、接头和阀门的密封性、可靠性。送气（粉）管路的长度不宜大于 60 m。

(15) 水泥土搅拌法（干法）喷粉施工机械必须配置经国家计量部门确认的具有能瞬时检测并记录出粉量的粉体计量装置及搅拌深度自动记录仪。

(16) 搅拌头每旋转一周，其提升高度不得超过 16 mm。

(17) 搅拌头的直径应定期复核检查，其磨耗量不得大于 10 mm。

(18) 当搅拌头到达设计桩底以上 1.5 m 时，应即开启喷粉机提前进行喷粉作业。当搅拌头提升至地面 500 mm 时，喷粉机应停止喷粉。

(19) 成桩过程中因故停止喷粉，应将搅拌头下沉至停灰面以下 1 m 处，待恢复喷粉时再喷粉搅拌提升。

(20) 需在地基土天然含水量小于 30%土层中喷粉成桩时，应采用地面注水搅拌工艺。

实训十七　夯实水泥土桩法

(1) 夯实水泥土桩的施工，应按设计要求选用成孔工艺。挤土成孔可选用沉管、冲击等方法；非挤土成孔可选用洛阳铲、螺旋钻等方法。

(2) 夯填桩孔时，宜选用机械夯实。分段夯填时，夯锤的落距和填料厚度应根据现场试验确定，混合料的压实系数 λ_c 不应小于 0.93。

(3) 土料中有机质含量不得超过 5%，不得含有冻土或膨胀土，使用时应过10～20 mm 筛，混合料含水量应满足土料的最优含水量 ω_{op}，其允许偏差不得大于±2%。土料与水泥应拌和均匀，水泥用量不得少于按配比试验确定的重量。

垫层材料应级配良好，不含植物残体、垃圾等杂质。垫层铺设时应压（夯）密实，夯填度不得大于 0.9。采用的施工方法应严禁使基底土层扰动。

(4) 成孔施工应符合下列要求：

①桩孔中心偏差不应超过桩径设计值的 1/4，对条形基础不应超过桩径设计值的 1/6。

②桩孔垂直度偏差不应大于 1.5%。

③桩孔直径不得小于设计桩径。

④桩孔深度不应小于设计深度。

(5) 向孔内填料前孔底必须夯实。桩顶夯填高度应大于设计桩顶标高 200～300 mm，垫层施工时应将多余桩体凿除，桩顶面应水平。

(6) 施工过程中，应有专人监测成孔及回填夯实的质量，并做好施工记录。如发现地基土质与勘察资料不符时，应查明情况，并采取有效的处理措施。

(7) 雨期或冬期施工时，应采取防雨、防冻措施，防止土料和水泥受雨水淋湿或冻结。

实训十八　高压喷射注浆法

(1) 施工前应根据现场环境和地下埋设物的位置等情况，复核高压喷射注浆的设计孔位。

(2) 高压喷射注浆的施工参数应根据土质条件、加固要求通过试验或根据工程经验确定，并在施工中严格加以控制。单管法及双管法的高压水泥浆和三管法高压水的压力应大于 20 MPa。

(3) 高压喷射注浆的主要材料为水泥，对于无特殊要求的工程，宜采用强度等级为 42.5 级及以上的普通硅酸盐水泥。根据需要可加入适量的外加剂及掺合料。外加剂和掺合料的用量，应通过试验确定。

(4) 水泥浆液的水灰比应按工程要求确定，可取 0.8～1.5，常用 1.0。

(5) 高压喷射注浆的施工工序为机具就位、贯入喷射管、喷射注浆、拔管和冲洗等。

(6) 喷射孔与高压注浆泵的距离不宜大于 50 m。钻孔的位置与设计位置的偏差不得大于 50 mm。实际孔位、孔深和每个钻孔内的地下障碍物、洞穴、涌水、漏水及与岩土工程勘察报告不符等情况均应详细记录。

(7) 当喷射注浆管贯入土中，喷嘴达到设计标高时，即可喷射注浆。在喷射注浆参数达到规定值后，随即分别按旋喷、定喷或摆喷的工艺要求，提升喷射管，由下而上喷射注浆。喷射管分段提升的搭接长度不得小于 100 mm。

(8) 对需要局部扩大加固范围或提高强度的部位，可采用复喷措施。

(9) 在高压喷射注浆过程中出现压力骤然下降、上升或冒浆异常时，应查明原因并及时采取措施。

(10) 高压喷射注浆完毕，应迅速拔出喷射管。为防止浆液凝固收缩影响桩顶高程，必要时可在原孔位采用冒浆回灌或第二次注浆等措施。

(11) 当处理既有建筑地基时，应采用速凝浆液或跳孔喷射和冒浆回灌等措施，以防喷射过程中地基产生附加变形和地基与基础间出现脱空现象。同时，应对建筑物进行变形监测。

(12) 施工中应做好泥浆处理，及时将泥浆运出或在现场短期堆放后作土方运出。

(13) 施工中应严格按照施工参数和材料用量施工，并如实做好各项记录。

实训十九　水泥粉煤灰碎石（CFG）法

(1) 水泥粉煤灰碎石桩的施工，应根据现场条件选用下列施工工艺：

①长螺旋钻孔灌注成桩，适用于地下水位以上的黏性土、粉土、素填土、中等密实以上的砂土。

②长螺旋钻孔、管内泵压混合料灌注成桩，适用于黏性土、粉土、砂土，以及对噪声或泥浆污染要求严格的场地。

③振动沉管灌注成桩，适用于粉土、黏性土及素填土地基。

(2) 长螺旋钻孔、管内泵压混合料灌注成桩施工和振动沉管灌注成桩施工除应执行国家现行有关规定外，还应符合下列要求：

①施工前应按设计要求由试验室进行配合比试验，施工时按配合比配制混合料。长螺旋钻孔、管内泵压混合料成桩施工的坍落度宜为160～200 mm，振动沉管灌注成桩施工的坍落度宜为30～50 mm，振动沉管灌注成桩后桩顶浮浆厚度不宜超过200 mm。

②长螺旋钻孔、管内泵压混合料成桩施工在钻至设计深度后，应准确掌握提拔钻杆时间，混合料泵送量应与拔管速度相配合，遇到饱和砂土或饱和粉土层，不得停泵待料；沉管灌注成桩施工拔管速度应按匀速控制，拔管速度应控制在1.2～1.5 m/ min，如遇淤泥或淤泥质土，拔管速度应适当放慢。

③施工桩顶标高宜高出设计桩顶标高不少于0.5 m。

④成桩过程中，抽样做混合料试块，每台机械一天应做一组（3块）试块（边长为150 mm的立方体），标准养护，测定其立方体抗压强度。

(3) 冬期施工时混合料人孔温度不得低于5℃，对桩头和桩间土应采取保温措施。

(4) 清土和截桩时，不得造成桩顶标高以下桩身断裂和扰动桩间土。

(5) 褥垫层铺设宜采用静力压实法。当基础底面下桩间土的含水量较小时，也可采用动力夯实法，夯填度（夯实后的褥垫层厚度与虚铺厚度的比值）不得大于0.19。

(6) 施工垂直度偏差不应大于1%；对满堂布桩基础，桩位偏差不应大于0.4倍桩径；对条形基础，桩位偏差不应大于0.25倍桩径，对单排布桩桩位偏差不应大于60 mm。

实训二十　灌浆法

(1) 单液硅化法和碱液法适用于处理地下水位以上渗透系数为0.10～2.00 m/d的湿陷性黄土等地基。在自重湿陷性黄土场地，当采用碱液法时，应通过试验确定其适用性。

(2) 对于下列建（构）筑物，宜采用单液硅化法或碱液法：

①沉降不均匀的既有建（构）筑物和设备基础。

②地基受水浸湿引起湿陷，需要立即阻止湿陷继续发展的建（构）筑物或设备基础。

③拟建的设备基础和构筑物。

(3) 采用单液硅化法或碱液法加固湿陷性黄土地基，应于施工前在拟加固的建（构）筑物附近进行单孔或多孔灌注溶液试验，确定灌注溶液的速度、时间、数量或压力等参数。

灌注溶液试验结束后，隔7～10 d，应在试验范围的加固深度内量测加固土的半径，并取土样进行室内试验，测定加固土的压缩性和湿陷性等指标。必要时，应进行浸水载荷试验或其他原位测试，以确定加固土的承载力和湿陷性。

(4) 对酸性土和已渗入沥青、油脂及石油化合物的地基土，不宜采用单液硅化法和碱液法。

实训二十一 特殊土地基处理

（1）注浆法适用于处理砂土、粉土、黏性土和人工填土等地基。

（2）锚杆静压桩法适用于淤泥、淤泥质土、黏性土、粉土和人工填土等地基。

（3）树根桩法适用于淤泥、淤泥质土、黏性土、粉土、砂土、碎石土、黄土和人工填土等地基。

（4）坑式静压桩法适用于淤泥、淤泥质土、黏性土、粉土、人工填土和湿陷性黄土等地基。

（5）不同的不良地基，根据不同的地质、施工设备、设计方法来选择。

第9章 路桥认识性实训

9.1 实训目的

认识性实训是非常重要的实践性教学环节，在开设专业基础课以及专业课之前，通过学生深入到路桥施工现场和已建成的路桥结构物现场，让学生对路桥专业有更进一步的了解和认识，初步掌握桥梁的组成及各组成部分的作用、桥梁的分类、各类桥梁的受力特征及在实际使用时的优缺点，初步掌握公路和城市道路的区别、道路横断面的形式、组成及各组成部分的作用以及公路线型选择时应注意的问题，掌握平面设计、横断面设计及纵断面设计的初步概念。总之，希望通过此次认识实训能对今后的专业基础课以及专业课的教学起到一定的作用。

9.2 实训内容

1. 武川——呼市公路

公路的平面设计，包括“S”形曲线、回头曲线的设置；公路横断面以及各种路标、附属设施；连续、整体现浇箱形梁桥。

2. 金川开发区、呼包高速公路

金川开发区城市道路横断面组成及各组成部分的作用；城市道路的规划设计；高速公路功能，其横断面形式和几个附属设施。

3. 县府街大桥

桥梁的组成，桥墩、桥台等的作用。

4. 如意开发区、南茶坊西水磨工地

如意河大桥为带下马蹄的T形截面简支梁桥，主要让学生了解T梁的主要优点；西水磨工地正在修建整体式预应力梁桥。

5. 新城立交桥、兴安北路

立交桥的作用、组成，兴安北路城市道路改建。

以上实训地点可以改变，但实训内容必须全面。除了进行现场参观以外，还可以采用录像教学或聘请专家学者进行专题讲座。

9.3　实训要求

9.3.1　技术要求

认识实训以参观认识道路与桥梁工程和开阔学生眼界为主，在实训过程中，学生要注意收集资料，把对各类路桥结构物的认识、参观了解到的现场实际工作情况及听报告、看录像等学到的专业知识及时整理出来。在实训结束时，每位学生提交一份实训日记和实训总结，其中要反映实训的内容、了解到的专业知识，思想上的收获和体会，实训日记和实训总结将作为学生成绩评定的重要依据之一。

9.3.2　纪律要求

(1) 学生在实训过程中必须听从实训指导教师和工地负责人的指导，服从组织安排。

(2) 学生应严格遵守纪律，遵守工地的规章制度，认真向工程技术人员和工人师傅学习。

(3) 进入施工工地必须戴好安全帽，注意安全。

(4) 同学之间团结互助，尊重教师和施工人员。

(5) 学生要不断提高自身的理论联系实际、密切联系工地师傅的主动性和自觉性，实训期间不得请假，特殊情况须经指导教师同意方可离队。

9.4　实训成果

实训日记必须坚持每日记录，图文并茂，每篇不宜少于300字。实训指导人和教师随时抽查学生的实训日记，并给予指导。实训结束时，应将实训日记交实训指导人评阅、签字。

9.5　时间安排

实训时间为1周。

9.6　成绩考核

实训结束后，根据学生出勤情况，实训过程中的表现，实训日记、实训总结以及实训指导教师的评语进行成绩的评定，成绩按优、良、中、及格和不及格五级评定。

第10章　生产性实训

10.1　实训目的

生产性实训是重要的实践性教学环节，其目的是学生在学完有关课程的基础上，通过深入到路桥工程施工现场实训，以技术员助手的身份参加道路、桥梁、管道工程施工现场的技术管理，担任部分技术业务工作，初步掌握专业实践知识，验证、巩固、深化所学的理论知识，把理论知识与生产实践相结合，学习路桥施工技术和施工管理的实践知识，使学生对规划管理、设计、施工到质量管理以及它们之间的相互关系有一定的认识；学习组织生产、管理生产的基本方法；扩大视野、增强感性认识；培养分析问题和解决问题的工作能力；收集和本专业有关的各种资料，为毕业后自接从事路桥工程施工管理工作打好基础。生产实训也为学生提供了接触社会、了解社会的有利时机，同时，也了解了我国社会主义建设尤其是交通事业建设的伟大成就，使学生在德、智、体等方面得到全面发展。

10.2 实训方式

本次实训，主要是通过生产实践来达到实训的目的。实训方式采用分散实训的方法，学生以工长、施工员、技术员、工程师或项目经理助手的身份，参加工地生产业务活动和技术管理工作，并适当参加班组生产劳动。

10.3 实训内容

了解实训工程的总体规划和主要施工图纸，阅读施工单位编制的施工组织设计、施工设计、质量保证体系；了解工程建设从规划立项、设计招标、施工招标、施工图设计、施工建设、质量监理的工程网络关系以及工程验收的一般过程；了解本工程所采用的施工机械、人员组织和施工方法等。学生在实训期间，按以下几个方面的内容，结合工程情况和具体条件，在指导教师的安排下选择其中的部分内容进行实训：

（1）了解工程开工前期及准备内容。

（2）了解工程招、投标程序和方法，搜集招、投标书样本。

（3）了解开工应具备的条件，必须办理的开工手续，开工报告的内容及审批程序。

（4）了解工程预（结）算的编制，搜集预（结）算文件。

（5）了解单位工程施工组织设计内容，搜集施工组织设计文件。

（6）了解施工企业的管理体制/管理制度。

（7）了解工程质监体制机制及安全保证体系。

（8）学习并参与施工进度计算的编制、施工材料、劳动力、机具配备计算的编制。

（9）学习施工现场临时建筑、水、电、道路、料场等布置原则，并绘制工地现场平置图。

（10）学习技术人员组织施工及处理施工中有关技术问题的方法与过程。

（11）参与施工测量放样与定位工作。

（12）参加施工例会，学习技术交底、安全交底的内容。

（13）参加主要工序质量检验与评定。

（14）参与签发工程联系单、搜集各类施工技术资料及表式。

（15）学习并搜集有关施工技术规范、规程与评定标准。

（16）根据施工现场实际情况参加适当的施工劳动。

10.4 实训要求

（1）掌握道路桥梁工程现场施工准备工作内容与实施过程。

（2）掌握施工测量放样方法及单位竣工质量验收内容与程序。

（3）掌握实训工地工程施工技术管理工作内容、能配合技术员实施管理过程。

（4）熟悉施工组织设计内容，能针对实训工地所在工程实际情况初步编制施工组织设计。

（5）熟悉工程施工技术资料的内容与整理工作。

(6) 要注意安全、严格遵守有关安全操作规程。

(7) 实训期间要严格遵守学校规章制度。

10.5 实训成果

10.5.1 实训日记

实训日记是积累实训收获的一种重要方式，也是实训成绩考核的一部分。学生必须根据实训要求逐日记录每天的实训内容、心得体会、发现问题及改进措施。为了帮助学生记好实训日记，提出以下几项要求：

(1) 记录每天的实训地点、时间、实训内容以及完成情况。

(2) 记录工程实践中体会、发现的问题和自己设想的改进措施。

(3) 记录工程概况、结构特征、主要结构详图、施工方法、施工机具、施工进度计划、施工平面布置、工程造价、组织机构及职能、主要技术措施等。

(4) 详细记录工程技术人员的技术报告以及提出的主要问题。

(5) 做好专业资料的积累工作，以便于编写生产实训报告，培养自己独立思考、观察和收集资料的能力。如收集结构构造和布局特点，新材料的特性，新施工方法及其效果，施工机械的技术性能，劳动力优化组织及其工作分工安排，承包商和业主组织机构及其职能，计量及质量检验等。

实训日记必须坚持逐日记录，图文并茂，每篇不宜少于300字。实训指导人和教师随时抽查学生的实训日记，并给予指导。实训结束时，应将实训日记交实训指导人评阅、签字。

10.5.2 实训报告

实训结束前，学生应根据实训的要求，对参加生产实训的全过程进行分析和总结，及时定出实训报告。其内容包括：

(1) 实训概况及管理机构组织系统等。

(2) 主要实训内容：列出根据设计或施工单位的安排，本人所参加的内、外业工作，听取的技术报告，参加的专业劳动等。

(3) 通过本人所参加实训的主要内容，选择自己认为可以反映自己实训收获的主要实训内容，有重点地、比较系统地进行编写。如单项工程施工方案，单项工程施工组织设计，新技术措施的采用，新工艺的推广和使用情况，新型施工机具的使用，工程施工监理和质量验收，施工现场的平面布置，劳动组织的优化组合，安全技术措施等。

(4) 个人心得体会：报告反映的是自己通过亲身实践，从理论到实践所深刻领会的内容。包括政治思想上的和工程技术上的收获以及对现有以工程技术内容为状况的改进设想。

(5) 专题作业、技术总结及生产参观。

(6) 对今后实训工作的建议。

实训报告是评定实训成绩的重要依据之一，它不仅反映学生实训的深度和质量，而且反映了学生分析和归纳问题的能力，实训报告应图文并茂、简明工整、科学系统，总字数不少于3 000字，并于实训结束时，交实训指导人评阅、签字。

10.6 时间安排

实训时间为4周。

10.7 成绩考核

生产性实训是必修课程，实训结束后，由指导教师评定成绩，成绩按优、良、中、及格和不及格五级评定，并列入本人学籍档案，不及格者必须重修此项实训。

实训结束后，由指导教师根据学生实训日记、实训报告、理论联系实际分析问题和解决问题的能力，结合平时实训中的表现、劳动态度以及遵守纪律等情况，全面地写出评语。最后，由指导教师根据上述情况以及答辩成绩进行综合成绩评定。

实训成绩评定方法：

(1) 实训认真、遵守纪律，能按时报到和结束，无无故缺勤且完成任务较好，实训日记和实训报告质量高，有独特见解或合理化建议，独立工作能力较强者，成绩为“优”。

(2) 实训期间纪律较好，实训日记和实训报告能较好地满足要求，质量较高，有一定的工作能力者，成绩为“良”。

(3) 实训日记和实训报告能满足要求，质量尚好者，成绩为“中”。

(4) 能完成实训日记和实训报告，但质量一般者，成绩为“及格”。

(5) 实训日记和实训报告不合格，或实训期间表现差，有严重违反纪律者，成绩为“不及格”。

第11章 校内综合实训

11.1 实训的有关规定

11.1.1 参加实训的有关规定

实训前必须认真阅读实训指导书的有关内容，明确目的、要求、方法、步骤和注意事项，方可参加实训。

(1) 实训前要求按有关要求分好小组，并选出组长一人，由组长负责领导小组的实训工作，负责领借和归还实训仪器与用具。

(2) 实训开始前同学在现场集合，听取指导教师做实训布置和安排，并且抽查同学实训的准备情况，然后在指定的地点进行实训。

(3) 实训中要认真按要求去做，每天要完成实训体会并于当天交给指导老师，不得拖延。实训成果，于实训的最后一天下午五点之前交给指导老师。

11.1.2 现场记录的有关规定

(1) 实训记录一律用铅笔，不得用钢笔和圆珠笔，铅笔软硬适度，一般使用1H、2H为宜，字体端正、清晰，不得马虎、潦草。

(2) 各项记录，应于现场随时直接记入表格内，不可另以纸条记载，再行转抄，防止错误。

(3) 记录者和观测者应密切配合，观测者报出观测数据或者具体名称后，记录者应重复一遍，经观测者默许后可记入有关表格中。

(4) 记录中如有错误，不可用橡皮擦去重写，而是在错误的数字上画一横线，将正确的数字写在上方。

11.1.3 仪器的借领使用和归还

(1) 各组在指定地点领借仪器，领借时要认真清点，类型和数量均符合要求方可领走。

(2) 实训一开始，如发现仪器有不正常情况，应及时报告指导老师。

(3) 测绘仪器必须加倍爱护，不论是贵重的仪器还是微小的测针，都是测设工作不可缺少的工具。同学们必须珍惜，并在行动上养成正确使用仪器的良好习惯。

(4) 实训结束，各小组应将仪器和用具清点无误，及时归还。

(5) 在实训过程中，仪器和用具如有损坏和丢失，小组长及时报告指导老师，并到指导教师处填写损坏和丢失报告单，按学院关于教学仪器的损坏处理决定办理。

11.1.4 其他有关事项

校内综合实训也是指公路路线外业勘测实训，是一项综合性的专业知识和专业技能的训练，因此每位同学在实训前要认真了解与学习有关的内容。实训中，使用并携带的专业教材有《测量学》《桥涵水文》《工程制图》《公路工程地质》《公路勘测设计》等。

公路路线外业勘测实训又是一项具有很强社会意义的工作。因此，同学们在实训时一定要遵守当地有关法规，入乡随俗，不得随意损坏当地的园林、树木以及公共财产。此外，测设标志是勘测工作的重要依据，要做好测设的妥善处理，并采取有效措施加以保护。

11.2 实训目的

公路路线勘测设计是一门实践性很强的、综合的专业课，公路路线外业勘测是公路勘测设计重要的组成部分，是提高学生应用技能的一项重要的教学过程，广阔无限的大地是道路的载体，道路、桥梁、涵洞、隧道等均建筑在大地之上。因此，除了课堂上学习一些必备的理论知识外，还要深入到大自然中去，通过在大自然中的应用，将理论和实践结合起来，使已学到的理论知识得以巩固，加深理解，并提高实际工作的科学性，使所修建的道路和大自然有机地结合在一起，成为大自然不可缺少的、优美和谐的一部分。

11.3 实训内容

11.3.1 选线组

选线组是整个外业勘测的核心，其他作业组都是根据所选定的路线位置开展测量工作的。

选线是公路定线的第一步，其主要任务是实地确定中线位置。其主要工作就是进行路线察看，并进一步确定路线布局方案；清除中线附近的测设障碍物；确定路线交点及转角并钉桩，选定曲线半径。会同桥涵组确定大、中桥桥位，会同内业组进行纵坡设计等工作。在越岭线地带，还需进行放坡定线工作。选线的基本原则：

(1) 选线人员要结合沿线自然情况，正确运用技术标准，多跑、多看、多比较。不遗漏比较方案，努力做到选定的路线经济合理，行车安全，满足使用要求。

(2) 路线应尽量避免穿越不良地段，如实在不能避免时，应采取妥善处理措施。

(3) 路线越岭时，应充分利用有利地形、地质，通过放坡比较，合理地调整坡度，做好展线有余，尽量避免回头和反坡，平均纵坡以4.5%～5.5%为宜，并掌握陡坡的限制长度。

(4) 沿溪线应注重选择走河的那一岸为宜，线位应放在什么高度较合适以及在什么地方过河比较好。还应注重合理地利用阶地，尽量避免出现纵坡较大的起伏，并且能正确处理与不良地质地段的关系。

(5) 大中桥桥位定线，应在桥位服从路线方向的前提下，合理选择桥位，做到路桥配合协调一致，小桥涵服从路线走向。

(6) 路线与铁路、公路、管线交叉时，应按公路和有关技术部门的规定，协商交叉的位置和形式。

(7) 定线时考虑平、纵、横三个方向的后来配合，结合地形情况、工程量大小，合理选定路线交叉位置和平曲线半径。

(8) 其他一些与定线有关的事宜，如改建道路、通过地震区时，应根据情况，酌情处理。

11.3.2 导线测角组

导线测角组紧跟选线组工作。其主要任务是标定直线与修正点位；测角及转角计算；测量交叉点间距；平曲线要素计算；导线磁方位角观测复核；经纬仪视距测量；交叉及转点桩固定；作分角桩；测定交叉点高程，设置临时水准点；协助中桩组敷设难度较大的曲线等工作。其基本测设要求如下：

(1) 用经纬仪右测角法测量路线交点的右角，正倒镜各测一次，两次结果均不得超过1分。如超过时须重测，测角读数精确到分。计算偏角经两次平均后，取整至分。

(2) 根据所测偏角和选定组提供的半径，计算平曲线要素，给中线桩复核之用。

(3) 每个交叉点上均要实测导线方位角以便与计算方位角校对，误差不得超过30分，并填入量角记录本；如超过时，必须检查发生错误原因，并予以纠正。

(4) 用经纬仪视距法测出交点间的距离，供中线组复核距离之用，并钉出分角线方向桩。

(5) 用经纬仪在转点上延伸直线时，须正倒镜各一次，以两次视线落点不超过桩顶面，然后进行分中，钉出桩位。

(6) 交点桩与转点桩尺寸5 cm×5 cm×30 cm，桩顶面须打平，表面钉设小钉，并按规定符号依次编号，并另钉指示桩。

(7) 路线与铁路、公路、管线交叉时，需测出夹角，绘出示意图。

11.3.3 中桩组

中桩组的主要任务：根据选线组选定的交点位置、曲线半径、缓和曲线参数（或缓和曲线长度）及导线测角组所测得的路线转角，进行量距、钉桩、敷设曲线及桩号计算。其主要测设要求如下。

1. 距离与精度

用钢尺丈量距离，精度要求，平原微丘区不得超过±0.1%；山岭重丘区不得超过0.2%。与经纬仪视距较链时，平原微丘区不得超过0.5%；山岭重丘区不得超过1%，中桩横向偏距不超过0.1 m。

2. 加桩与桩距

(1) 在路线纵横断面地形显著变化处，土质与不良地质变化点，与铁路、公路、水渠、管线交叉处，拆迁建筑物处，耕地分界处以及人工构造物需加桩。公里桩、百米桩，曲线起、中、终点桩，大、中桥桥位桩，隧道起、终点桩必须钉设。

(2) 桩距在直线地段，平原微丘区为50 m，山岭重丘区为20 m，在平曲线内，根据半径大小作如下规定：

$R \geqslant 50$ m，桩距为 20 m；

$20 < R < 50$ m，桩距为 10 m；

$R \leqslant 20$ m 及回头曲线，桩距为 5 m。

3. 桩距

(1) 公里桩、百米桩，曲线起、中、终点桩，大、中桥桥位桩，尺寸为 5 cm×5 cm×30 cm，其他桩志尺寸为 2 cm×5 cm×25 cm。

(2) 断线桩志露出地面 5 cm。当桩志位于旧线路上时，一律打平地面，并在道路一侧打一指标桩，注明中线距离以箭头指示中桩位置。

(3) 桩志书写一律用横写，字面面向路线起点方向。

(4) 公里桩、百米桩、桥位桩，都应写出公里号。

(5) 所有桩的背面应进行 1～10 循环编号，并有醒目标记，以利找桩。

(6) 断链桩应设在直线上，如断链长度小于 1 m 时，可不计断链，只在记录本中记载，如断链长度大于 1 m 时，应计断链，并注明长链或短链尺寸。

(7) 交点桩、转点桩、曲线桩、桥位桩、断链桩精确到厘米，其他加桩为尽量取整米。每日填写“直线、曲线及偏角表”，并与水平横断组核对桩号。

11.3.4 水平组

水平组的任务是对中线各中桩高程进行测量，并在沿线设置临时水准点，为路线纵短面和横断面设计以及施工提供高程资料。其主要测设要求如下：

(1) 路线水准点的起始高程尽可能引用国家水准点高程，或其他部门的固定可靠水准点高程；如无条件时，可用气压高程或军用地图高程作为假设高程。

(2) 水准点设置间距，平原微丘区不大于 2 km，山岭重丘区不大于 1 km，在路线起点、终点，大、中桥桥位处，隧道进出口处或其他大型人工建筑物处均应增设水准点。

(3) 水准点应设置在路基开挖范围之外，距路中线有一定距离，尽可能设在易找处、稳定可靠的固定物上。

(4) 测量精度

①水准点间两次高程测量，其高程允许闭和差不得超过±30 mm（L 为两水准点间距的距离，以公里计），中桩高程复核误差不得超过±5 cm。

②中桩高程的计算，必须应用水准点或转点高程，不得将中桩实测高程连续传递。

③水准点及转点的高程精确到毫米，路线中桩高程精确到厘米。

(5) 深沟陡壁地段，水准仪转镜有困难时，中桩高程允许用手水准比高，但必须复核一次，复核误差不得超过±20 cm。

(6) 编制“水准点表”，及时算出中桩和水准点高程，如有漏桩应及时补测。

(7) 水平记录本不得用橡皮擦和铅笔涂改，如有记错或算错处，可用铅笔画掉重写。

11.3.5 横断面组

横断面组作业的主要任务是：路线的横向（法线方向）地面起伏变化情况，并画出横断面的地面线。其主要测试要求如下：

(1) 进行横断面测量时，一律逐桩实测，在困难地段亦可用行之有效的办法测量，但不得目估或测一段后顺延。

(2) 横断面图比例为 1∶200。

(3) 横断面测量宽度，应满足设计要求。一般情况中线两侧各测 15～20 m。

(4) 精度要求：高度误差不超过 $0.1+H/20$(m)(H 为测点至中桩的高差)，水平距离不得大于 $L/50$(m)(L 为测点至中桩的水平距离)。

(5) 横断面图上应尽量标出沿河线水位及河床、土石分界线；耕地范围；遇到的各种地物。

(6) 在上、下回头曲线若有干扰时，应连通断面测量，并注明上、下所在的位置。

(7) 每测定一个断面，须现场目核一次，发现问题及时纠正。

(8) 每天必须核对桩号，如有漏桩及时补测，并应将有关现场记录交给内业组使用。

11.3.6 地形组

地形组的任务就是根据设计的需要，按一定比例测绘出沿线一定宽度范围内的带状地形图（或局部范围的专用地形图），供设计和施工使用。其主要测设要求如下：

1. 测绘方法

路线平面图采用实地测绘方法进行，大、中桥大型人工构造物，特殊工程地段地形图采用现场实测。

2. 测绘宽度、比例、等高线间距

测绘宽度为路中线两侧各 50 m，测绘比例采用 1∶2 000，等高线间距 2 m。

3. 测绘内容

(1) 标注路中线、指北针、百米桩、道路起终点位置及桩号，水准点位置及高程。

(2) 现有公路、大车道及各类交通线，已建成的桥梁、管线、电力线，并注明方向。

4. 测绘图式

按国家规定的地形图测绘要求测量，不足者可自拟并在第一张图上附图式说明。

11.3.7 地质组

工程地质资料是公路设计的重要资料，通过调查、观测和必要的勘探、试验，进一步掌握与评价路线通过地带的工程路基、路名、小桥涵及为构造物的设计提供充分准确的工程地质依据。其主要测设要求如下：

(1) 调查内容：

①沿线土壤地质调查。

②路基设计资料调查，如土石成分、路基边坡、加固防护、排水等。

③不良地质调查处理。

④路面设计计算调查。

⑤人工构造物资料调查。

⑥筑路材料调查。

⑦土工实验。

(2) 沿线土壤地质调查时，应顺中线逐段进行，尽量利用天然或人工露头。无露头时，可开挖试坑或进行钎探，弄清土壤的地质情况。试坑、钎探的深度和数量根据需要确定。

(3) 路基土石成分、工程等级及路基边坡，应结合土壤地质调查工作确定。在确定边坡时，应充分估计到开挖以后土质变化的情况。

（4）路基加固及防护工程，在调查时，必须提出其段落起讫点桩号、尺寸、形式及基础深度。

（5）路基排水工程。应沿线进行全面系统的调查，保证路线两侧地表径流不致冲毁路基或影响路基强度及其稳定性。

①边沟加大及加固地段，边沟排水的出路。

②截水沟设置地段、长度、断面形式及尺寸。

③地下排水结构设置地点、结构物形式及尺寸。

④不良水文地质地段排水系统的布局，排水结构物的形式及尺寸。

⑤路基排水需增设的涵洞应与桥涵人员联系，研究设置。

⑥不良地质地段可通过现场观察，采用挖试坑或钎探或钻探方式，查明类型、范围、成因及对公路的危害程度，同时提出处理措施并进行必要的地质测绘和描述。

⑦资料调查应按野外记录及设计文件图表要求收集和记录。

11.3.8 桥涵组

桥涵调查的主要任务是：调查与搜集沿线桥涵水文、地质地形资料，配合路线总体布设，实施勘测，提供小桥涵及其他排水构造物的技术要求，研究确定小桥涵的位置，结构形式、孔径大小及上下游的防护处理。

1. 小桥涵野外勘测调查工作内容

（1）桥涵水文资料调查。

（2）桥涵位置的布设。

（3）桥涵位置的测设。

（4）桥涵地质资料调查。

2. 桥涵水文资料调查

（1）桥涵水文资料调查内容，应采用水文计算方法确定其调查内容。水文计算方法涵洞以径流形成法为主，桥梁以形态法为主，也可以相互结合应用。

（2）跨径 1.5 m 以下的涵洞可通过实地观察，直接确定孔径，不进行水文孔径计算；跨径为 1.5 m 以上的涵洞与桥梁，一般应进行水文计算。

（3）汇水面积可根据现场情况计算确定。

（4）洪水水位调查可根据实地洪水痕迹或向有关部门查访，经过反复对比确定出可靠的设计洪水位。

3. 桥涵位置的布设

（1）小桥涵位置应服从路线走向，沿线方向合理布设。

（2）对桥涵位置应进行如下测量工作：沿河中心的河床断面；河床比降；桥涵轴线与路线交角；平面示意草图或必要的等高线平面图。

（3）桥涵位置也可采用斜交，当河沟水流特性条件许可时，常可以通过改移河道截弯取直等方式将桥涵改成正交。但必须保证不致冲淤并应绘制改移河道平面示意图，并计算由此产生的土石方工程数量。

4. 桥涵形式的选择

（1）桥涵形式的选择应从下列各个方面综合考虑，确定合理的结构与断面形式。

①结合水文、水利、地形特点。

②尽量就地取材，节省四大材料。

③减少形式，尺寸化一。

（2）选择形式时，应优先考虑采用涵洞。其次再考虑采用小桥，但均须经比较确定。

（3）对涵洞洞口建筑及进出口形式，必须结合实际情况，慎重研究计算确定，以利水流通畅，防止冲毁路基及构造物。

（4）确定孔径时，反对宁大毋小或压缩河床的倾向。

5. 桥涵地质方面主要提供的资料

（1）基底土壤名称与冰冻深度。

（2）有无不良地质情况。

（3）水文地质对桥涵基础有无影响。

11.3.9 内业工作

1. 野外测量的内业要求

在野外测量期间，必须完成如下内业工作：

（1）平面设计底图。

（2）路线纵断面设计底图。

（3）路基设计表计算。

（4）横断面设计图（戴帽子）。

（5）路线平面交叉设计方案及布置底图。

（6）桥涵布置略图。

（7）挡土墙及其他人工结构物布置略图。

（8）特殊路基设计方案及布置底图。

（9）路面结构类型。

（10）各项原始资料填表（按照设计文件图表示例内容填制）。

（11）纸上移线工作。

2. 对原始记录的核对

每项工作前必须对有联系的野外记录及原始资料进行核对，应注重以下几个有连锁的地方，避免错误的连锁反应。

（1）核对桩号，检查无漏桩和桩号书写不一致的现象。

（2）点绘纵断面前，必须复核水平记录本。

（3）路基设计表计算前，必须核对坡度、变坡点及竖曲线要素值。

（4）横断面戴帽子前，首先核对填挖高度、超高、加宽等数值。

（5）土石方表计算之前，首先核对距离和面积，然后再进行各项计算与调配工作。

（6）凡是转手抄写的数字一定要核对。

3. 注意事项

（1）纵坡设计前，由路线、地质、桥涵组提供有关设计要求资料。

（2）与外业各组加强联系，发现外业有错误和漏测的地方，应及时通知有关组进行修正和补测。

（3）做好仪具、测绘用品、野外记录簿、技术资料、标准图、图书及计划表的领借、保管等工作。

（4）所有内业图表的文字、符号及数字要书写清楚、整洁，同类计算数字要一致，所有图纸要分明，尺寸线要清楚，布置要匀称，并适当注重美观。

（5）所有原始记录簿及内业图表由组长负责，并校核。

11.4 实训要求

道路是修建在大地表面上的供车辆行驶和行人出行的线形带状空间人工结构物。通过实训，达到掌握怎样根据不同的地形、地物来测量不同级别的公路的目的。因此，同学们要能熟练地使用有关测设仪器，掌握道路选线、定线的方法，将控制道路的平面线形、纵横面线形、横断面的数值测出来，并结合地质资料通过设计计算，使所测设的道路尽可能地达到经济、美观、舒适、耐用的要求。

11.5 测量队伍及仪具装备

11.5.1 实训分组

公路路线勘测实训，鉴于任务和班级的具体情况，决定将八小组合为五大组，具体安排如下。

第一组：选线内业组，完成选线任务并承担内业工作。

第二组：量角中桩组，完成量角的同时并标定中桩。

第三组：水平横断组，一边水准测量一边横断测量。

第四组：地质组，完成沿线地质调查和筑路材料的调查。

第五组：桥涵组，完成沿线大、中桥梁及小桥涵的外业资料调查和桥涵设计。

11.5.2 主要仪器

根据任务的不同，各组所用的主要仪器也不同，如下。

第一组：经纬仪 1 台，望远镜 1 个，皮尺 1 盘，花杆 4 根，计算器 2～3 个。

第二组：经纬仪 2 台，望远镜 1 个，皮尺 3 盘，花杆 4 根，计算器 2～3 个，测绳 2 盘，测钎 2 套，垂球 2 个，公路曲线表一套。

第三组：水准仪 2 台，塔尺 4 把，手水准 2 只，皮尺 2 盘，花杆 6 根，十字架 1 个，计算器 1 个。

第四组：地质罗盘仪 1～2 只，皮尺 1 把，地质锤 2 把，铁钎 2 把，镐 1 把，铝盒 5 个，环刀 2 把。

第五组：经纬仪 1 台，水准仪 1 台，花杆 3 根，塔尺 2 把，皮尺 2 盒，计算器 2 个。

11.6 校内实训基地（呼和浩特万家沟地区）地质资料

11.6.1 自然地理概况

1. 位置

东经 111°01′30″～111°02′30″

北纬 40°10′00″～40°13′00″

2. 行政区划

内蒙古自治区呼和浩特市土默特左旗把什乡所辖。

3. 交通

尚属便利，东南距京包线之察素齐车站约 7.5 km，南距宋拉车站 5 km，呼包高速公路与110国道及京包铁路平行延伸，距南柜汽车站仅4 km。

4. 自然地理

万家沟位于土默特左旗西北，距旗政府所在地察素齐镇7.5 km处的砂尔沁村与古城之间，系一发育于大青山南麓的基岩冲沟。沟的横断面呈U字形，为大青山前五大山沟之一，由万家沟与水家沟汇合而成。汇合以后约2 km，即出沟口，经过山前冲积扇，穿过呼包公路和京包铁路，进入哈素海。主沟（水家沟）全长67.9 km，平均纵坡11.9‰，流域上游（武川境内）为丘陵山区，植被不良，水土流失严重；中游为大青山石质山区，植被稍好，亦有水土流失。

5. 气象

本地区属于旱半干旱气候区，万家沟附近之察素齐、武川、呼和浩特、萨拉旗等城镇均有多年气象观测资料。

本地区多年平均降水量为400～450 mm，均发生在7～8月内。若以1959—1980年资料平均计算，则逐旬降雨量从7月下旬到8月下旬均为40 mm以上；7月上、中旬为23～26 mm；6月上、中、下旬均为12～14 mm；9月中旬降雨量降到20 mm以下。多年平均蒸发量为1 200～1 400 mm。年平均风速2.1 m/s，最大风速为1975年4月11日的36 m/s，风向WSW。5级以上大风平均年发生50次，其中8级以上20次。年平均温度平均水气压7.1 mb。电线积冰最大直径发生在1964年，雨淞时达8 mm，雾淞时13 mm。年平均气压900.8 mb。

多年平均气温6℃；绝对最低气温为−35.6℃；多年平均地温8.8℃。

6. 水文

万家沟为大青山五大山沟之一，河流上有古城水文站，1971年建站。万家沟左右两侧有水磨沟、美岱沟，三条山沟在气候条件和下垫面条件基本一致，属同一水文分区。美岱沟上有大脑包水文站，水磨沟上有店上水文站，均为1957年建站，水文系列较长。因此，可借助地区上的大脑包站和店上水文站资料来延长古城水文系列。

万家沟两岸陡峭，植被不良，岩石裸露，在河湾两旁耕地不多。河水多年平均含砂量为14.78 g/m^3，推移质约占10%，集中在6、7、8三个月，占全年输砂量的99%，7～8月的输砂量占全年输砂量的90%。多年平均流量为1.304 m^3/sec(1974年调查成果)。同时调查到1934年历史洪水，最大洪峰流量为2 250 m^3/sec，百年一遇。年内水量主要集中在7、8、9三月，占全年水量的53%，由于上游有泉水出露，所以清水流量较大，约1 m^3/sec。

11.6.2 区域地质与地貌

1. 区域地层和岩性

地层由老到新。

太古界：魏家窑子群石英片岩组。

Ar_1Wj^4：灰白色厚层石英岩，黑云母变粒与石英黑云母片岩，黑云母二长片岩，部分地区由于岩浆侵入发生了混合岩化现象，与上覆岩层元古界马家店群大理岩组Pt_1mj^2呈角度不整合接触。

元古界：马家店群大理岩组。

Pt_1mj^2：灰白色蛇纹石化大理岩，硅质大理岩及白云岩化大理岩，与上覆岩层中生界限

侏罗系大青山组 J_3d^1 呈角度不整合接触。

中生界：侏罗系大青山组。

J_3d^1 紫红色砾岩，含砾砂岩，长石石英砂岩与长石砂岩的互层，紫色砾岩、砂岩互层夹绿色砂岩粉砂岩。

新生界：第四系全新统。

Q_4al—pl 为一套河流相与山前洪积裙相构成的冲—洪积沉积层。

2. 区域地质构造

万家沟系发育于大青山南麓的近南北向冲沟，位于阴山纬向构造带的中部南缘。按大地构造划分，位于中国地台区华北台块的内蒙古台背斜中段偏西。

内蒙古台背斜是一个长期隆起的单位。在地理上呈东西走向的带状分布，故万家沟水库测区内广泛出露的为一整套前震旦纪的变质岩系。其中构造复杂，断裂发育。由于强烈构造应力作用的结果，岩石变质程度深，节理发育，岩层陡立，多数近于直立。

强烈构造应力作用的另一结果是断层的普遍存在，主要为冲断层（高角度逆断层），水家沟口处沿一巨大断层有辉绿岩的侵入。

3. 区域地质简史

区内广泛出露的为太古界魏家窑子群 Ar_1Wj^4，是一套深变质的结晶片岩石系。由于五台运动的影响，区内未见太古界二道凹子群的出露，乃由魏家窑子群与中生界限侏罗系大青山组（J_3d^1）呈角度不整合接触。上述接触关系说明：该地区长期处于上升状态，自太古代接受魏家窑子群沉积后，地壳曾有上升而使沉积间断并伴随有构造运动，造成 Ar_1Wj^4 与 Pt_1mj^2 之角度不整合接触；元古代由于地壳沉降继而接收沉积形成了马家店群，此后越过后漫长的古生代，直到中生代侏罗纪元晚期地壳沉降接收沉积才形成了大青山组。新生代时期，万家沟河谷出现了三级阶地，说明在第四纪地质历史时期中处于是持续的间歇性的上升，由此形成了多级阶地。

4. 区域地貌形态

地貌形态与地质构造基本吻合。万家沟系——深切于古老结晶岩系——石英片岩中的河谷，两岩形成了陡峭的山峰，峡谷直立。由于所处地理位置，气候干燥、温差大，形成了强烈的物理风化。

地貌单元大致可划分如下：

（1）剥蚀构造低山区。分布于河流两岸的较高部位。相对高差点 250～300 m，海拔为 1 080～1 350 m。为石英片岩组成的剥蚀构造低山区。

（2）构造侵蚀峡谷地形。河谷地带，由于地壳的上升，河流下切作用强烈，形成了峡谷地形为 U 谷。

（3）河流侵蚀堆积阶地。零星分布于河流两侧。一级阶地高出河床 11～15 m，阶地被切割成几乎直立的陡坎，其上多有砂卵石的堆积。二级阶地高出河面 40～50 m，下为石英片岩之基底，上多覆以河流相之冲积层。三级阶地高出地面 60～70 m，亦为河流相之冲积层。左岸距河床 60～70 m 之斜坡的试坑揭露了三级阶地的存在。由于强烈的切割作用，阶地于河流两岩时断时续，呈不对称形分布。

（4）河漫滩。主要为河流相之冲积层。在河道中由上游到下游具明显的分选性，卵石成分为石英岩、花岗岩、片岩、大理岩、蛇纹岩以及片麻岩等。

11.6.3 地震活动性及特征

地震是影响区域稳定性的重要因素，而地震的发生又受控于地震构造带。

库区处于华北地震区，阴山地震带中段，地震活动主要受阴山东西向地震构造带所控制，同时受山西地震带北段影响。

从区域构造角度分析，地震的孕育与发生，尤其是强震，与区域构造相关，特别是一些深大断裂。已有的统计资料表明，强震多发生在：深大断裂上；深大断裂与其他方向断裂带交汇外；断陷盆地最深一侧断裂带上或差异运动最大地段；在强震构造带里的断陷带和深大断裂带上；在断陷盆地内的断裂与横向断裂带的交汇地段；在断陷盆地中的组合大断裂的交汇地带。

1∶20 万区域地质测量固阳幅（K49—XXV11）呼和浩特幅（K49—XXV11）资料及库区工程地质测绘表明：上述发生地震的条件均不存在。

另据统计资料，以呼和浩特为中心，在 320 km 为半径的区域内，自公元前 231 年—公元 1950 年近 2000 年内，共发生 $M_S \geqslant 4.75$ 的地震 51 次，其中：$M_S = 4.75 \sim 4.90$ 的地震 8 次，$M_S = 5.0 \sim 5.9$的地震 27 次、$M_S = 6.0 \sim 6.9$ 的地震 12 次，$M_S = 7.0 \sim 7.9$ 的地震 4 次。又以呼和浩特为中心，以 50 km 为半径的区域内进行统计，从 1929—1985 年的 57 年，发生 $M_S = 6.0$的地震一次，1970 年建立地震监测台网后至 1985 年，监测到 $M_S \leqslant 4$ 的地震 310 次。

将已有地震资料运用马尔科夫链进行预测，结合地质历史分析，今后 100 年内，阴山地震带至少发生 $M_S \geqslant 6.0$ 地震概率为 99.9%；至少发生 1 次 $M_S \geqslant 6.3$ 地震的概率为 73.7%。（上述已为 1996 年 5 月 3 日 11 时 30 分阴山地震带内包头—固阳—乌拉特前旗 $M_S = 6.4$ 地震所证实）有 6 次活动迹象，分别为距今 10 000 年、9 000 年、7 500 年、3 800 年、2 000 年、1 000 年。其频率大致为 1 次/1 500 年。

11.6.4 区域构造应力场及其特征

在由于不同成因产生的外力作用下，地壳中长期存在着而且现今仍在起作用的作用力，使地壳运动，岩层或岩体变形，即或无明显的运动和变形，其物理性质在漫长的过程中于这种力的作用下也会改变。地壳中的这种力，就是构造应力（或称地应力）。这种由于地壳因某些原因、在地块某一定范围内、曾经产生过和正在作用着的、不同大小的构造应力的有规律分布状态就是构造应力场。

研究区域构造应力场特征时，可将分析研究中强以上地震的震源机制和由于构造应力作用所形成的构造形迹结合进行。

就前者而论，自 1976 年以来，发生在阴山构造带中的 19 次 $M_S > 4$ 的地震震源机制的解，和集宁、呼和浩特、包头、乌加河、宗别立 5 个单台区域小震综合断层面的解的分析表明：主压应力轴的方向为 26°～94°，与华北总体应力场特征基本一致。

11.6.5 区域水文地质条件

由于广泛分布了太古界之深变质岩系，又经受了长期构造变动的影响，加上强烈的物理风化作用，形成了以裂隙为主的储水构造，故以构造裂隙水为主，其次为风化裂隙水。在库区与坝区均以下降泉的形式向河流下泄，个别地段由于岩层透水性的改变，也有的以上升泉的形式出现。在河流两岸的低级阶地上也有裂隙孔隙水的出现。

地下水的主要补给源为大气降水，而其排泄则以地表水的形式通过河流排出，地下水水质良好。

11.6.6 土体工程地质结构类型

呼和浩特地区表层 15 m 内主要为第四系冲洪积、冲湖积物，可参照土体类型组合特征对其进行土体结构类型划分。根据 15 m 深度内各类土的厚度比例和土体类组合，可将其划分为三种结构类型。

1. 均一结构

由单一岩性土层构成，其厚度大于 14 m 或累计厚度占 15 m 的 90%以上。

2. 双层结构

由同一成因类型的两种岩性土层或两种不同成因类型的土层组成累计厚度大于 14 m。

3. 多层结构

由同一成因类型的两种岩性土层或两种不同成因类型的土层组成累计厚度大于 14 m。

在本区内，砾卵石均质结构呈带状东西向分布于大青山山前，砂土均一结构零星分布于山前部分地区，黏性土均一结构呈带状分布于哈素海、三两一带。双层结构在本区分布范围极广，其中双层结构类型极具代表性的是上部黏性土、下部砂土或砂砾石夹薄层为黏性土，或上部砂土、下部黏性土夹薄层砂土，多层结构类型在大多数地区呈现出互层、夹层、透镜状特征，其成因多以冲湖积或冲积、湖积交互沉积为主。因此，分层结构极其紊乱，各层的工程地质性质差异十分明显。

按上述原则，可将呼和浩特市地区划分为 4 个工程地质区，即大青山山前冲洪积倾斜平原工程地质区、大黑河冲湖南积平均数原工程地质量区、黄河—大黑河冲湖积平原工程地质区、湖积台地工程地质区。

11.6.7 分区评价

根据次级地貌单元和 15 mm 深度内的土体结构类型，各土层的工层地质性质可将大青山山前冲洪积倾斜平原工程地质区进一步划分为 4 个亚区。

1. 扇裙带砾卵石均一结构、砂土—砂砾石双层结构、砂土均一结构工程地质条件良好的亚区

位于山前平原顶部，沿东西向呈条带状分布。岩性主要由上更新统—全新统的冲洪积砾卵石、砂砾石和砂土组成，局部夹黏性土薄层，岩性较均一，分布稳定，变形性弱，地基容许承载力高，一般可达 200～300 kPa 以上。水位埋藏深，多大于 10 m，水化学类型为 HCO_3—Ca·Mg 型，水质良好，无侵蚀性。区域稳定性受山前断裂控制和乌素图断裂影响，具有一定的差异性，表现出乌素图沟以东地区较乌素图沟以西地区相对稳定的特点。在工程项目施工设计时，需对山前各大冲沟洪水进行设防，并注意地震的影响。

2. 呼和浩特市区回填土、黏性土、粗砾砂、淤泥质土多层结构工程地质条件较差的亚区

主要分布在呼和浩特新旧城区，表层为 1～4 m 厚的人工填土，土质不均，成分复杂，结构松散，在旧城区回填土厚度可达 3～4 m，不宜作为地基持力层使用。其下为淤泥质土透镜体，多呈软一流塑状态，土质松软，平均厚度为 1～2 m，不宜作为持力层。下部粗砾砂厚度较大，层位稳定，容许承载力 R 可达 200～280 kPa，一般将其作为桩基持力层使用。地下水埋深 3～5 m，水质良好，无侵蚀性。但需考虑黏性土易出现的冻胀、缩变等问题。

3. 扇前洼地多层结构为主工程地质条件较差的亚区

该亚区呈条带状、沿东西向分布于扇裙带前缘；由黏性土、粉细砂、粗砾砂和淤泥质土组成，多层结构。表层黏性土厚度 3～4 m，容许承载力 R＝160～200 kPa，可以作为一般工业民用建筑地基持力层，但必须进行变形计算。粉细砂层不含粗颗粒，结构松散，饱水，容许承载力低，不宜作为地基使用。下部粗砾砂厚度大，层位稳定、密实程度高，容许承载力 R＝200～250 kPa，一般用来作为桩基持力层。水位埋深 3～4 m，水质良好，无侵蚀性。主要的工程地质问题是黏性土易冻胀、易缩变和粉细砂易液化。

4. 扇前洼地黏性土、砂土、黏性土多层出不穷、结构工程地质条件较差的亚区

该亚区沿东西向呈条带状分布于扇裙带前缘，向东与 I_3 区相连，呈明显的渐变特征。主要由黏性土、粉细砂夹薄层淤泥或泥炭、黏性土组成多层结构。在该亚区内主要为上更新统一全新统湖沼相沉积。地下水位埋藏极浅，在大部分地区，由于潜水溢出形成下湿地，导致土体强度降低，压缩性增加，场地稳定性极差，为不适合建筑亚区。

11.7 实训成果

11.7.1 实训日记

实训日记必须坚持逐日记录，图文并茂，每篇不宜少于 300 字。实训指导人和教师随时抽查学生的实训日记，并给予指导。实训结束时，应将实训日记交实训指导人评阅、签字。

11.7.2 实训报告

实训结束前，学生应根据实训的要求，对参加实训的全过程进行分析和总结，及时定出实训报告。

11.8 成绩考核

实训成绩评定方法：

(1) 实训认真、遵守纪律，能按时报到和结束，无无故缺勤且完成任务较好，实训日记和实训报告质量高，有独特见解或合理化建议，独立工作能力较强者，成绩为“优”。

(2) 实训期间纪律较好，实训日记和实训报告能较好地满足要求，质量较高，有一定的工作能力者，成绩为“良”。

(3) 实训日记和实训报告能满足要求，质量尚好者，成绩为“中”。

(4) 能完成实训日记和实训报告，但质量一般者，成绩为“及格”。

(5) 实训日记和实训报告不合格，或实训期间表现差，有严重违反纪律者，成绩为“不及格”。

第 12 章 企业顶岗实训

12.1 实训目的

企业顶岗实训是一次综合性实训，是理论联系实际、综合运用所学知识解决工程实际问题、巩固和扩大知识范围的重要实践性教学环节。通过组织学生到道路、桥梁工程现场，以工人身份参加 2～3 个工种的生产劳动，学习操作技能和生产知识，培养劳动观点，体验本

专业在城市建设与发展中的作用，为他们以后从事施工技术和施工管理工作创造条件。

12.2 实训内容

结合学生主要去向，在下述内容中适当选择实训内容：

(1) 制订单项工程的施工方案或技术措施。

(2) 单项工程的施工工艺及特点。

(3) 在施工现场，协助技术人员具体负责施工技术和生产管理，参加图纸会审、技术交流、生产调度、质量事故处理等问题以及施工方案的讨论等生产会议。

(4) 施工放样、定位和标高的确定。

(5) 工程统计、施工质量的检查与验收。

(6) 根据施工图开列材料、工程任务单。

(7) 编制施工预算和单项工程施工组织设计。

(8) 机械化施工的配套和组织。

(9) 经济核算和技术经济分析。

(10) 单项施工技术的总结工作。

(11) 新技术、新材料的研究和推广。

12.2.1 单项工程

1. 道路工程

(1) 识图。

①道路中线、施工中线、规划中线的位置和关系（定线用）。

②道路施工断面各部组成及布置情况。

③地形、地物。

④道路设计标高在实际工程中如何实施。

(2) 结构构造。

路面结构组成，各层结构厚度的要求。

(3) 安全及质量要求，检测方法。

①路基、路面施工质量要求及检测方法。

②附属结构物的构造、施工质量要求。

(4) 大型施工机械的性能、适用范围。

2. 桥梁下部结构

(1) 桩基及承台、立柱、桥台的形式和构造特点。

(2) 打入桩的施工方法及质量控制。

(3) 灌入桩的构造，钢筋骨架制作，成孔、清孔、钢筋骨架的安放、混凝土浇筑等施工过程。

(4) 桩基的质量检验项目和施工方法。

(5) 明挖扩大基础的施工方法、施工机具，降低地下水位的方法，围堰的种类和方法，质量检验项目和方法。

(6) 承台的构造、钢筋布置及施工过程、质量控制。

(7) 立柱的立模、混凝土的浇筑及养护、模板的拆除。

(8) 高立柱的尺寸和垂直度的控制方法。

(9) 墩身、台身混凝土的浇筑与砌筑和表面处理。

3. 桥梁上部结构

(1) 识图。

①桥梁总体布置（桥位图、立面、平面、横断面布置)。

②桥梁墩台、上部结构及细部构造图。

③结构配筋图。

④材料用量明细表。

⑤图纸说明。

(2) 桥面系。

①桥面系统的组成特点。

②铺装层的施工方法及质量控制。

③城市立交防撞墙的施工方法及质量控制。

④伸缩缝的作用及安装方法。

(3) 桥梁支座。

①桥梁支座的常用类型及其适用范围。

②各类橡胶支座的构造特点和工作原理。

③支座在桥梁结构中的作用。

④支座的安装方法。

(4) 梁的预制。

①预制梁时的场地布置，模板的构造、支模方法、模板配制、隔离剂的种类与应用，地基加固；预制梁平面位置放样与标高控制。

②模板安装与质量控制、模板拆除、维修与周转。

③钢筋验收，质量管理，钢筋的配料、代换，钢筋的下料长度计算与下料方法，钢筋连接、冷拉、冷拔工艺及质量控制验收标准。

④预应力筋的材料、形成及张拉工艺，预应力筋张拉控制及控制标准。

⑤先张法、后张法施工工艺及预应力筋的管道布置、加工和接头处理。

⑥混凝土原材料的质量要求和配合比的设计。

⑦混凝土的制备和机械设备、掺合料、外加剂的应用。

⑧混凝土的运输方法及保证质量技术措施。

⑨混凝土的浇筑、捣实、养护方法及质量技术措施。

⑩主要材料的实验。

⑪梁的质量检查与评定。

⑫必要的资料编制。

(5) 梁的架设施工。

①悬臂施工的常用体系及特点，悬臂梁起步段的施工方法，挂篮和吊机的构造、设计和安装，预应力混凝土梁桥悬臂浇筑和悬臂拼装施工法的施工工艺、施工质量控制和控制标准。

②顶推法施工的施工工艺及特点，梁段预制场地布置和梁段预制，梁段顶推方式和技术

要求，施工质量控制和控制标准。

③缆索吊装施工的适用范围及特点，缆索吊装设备、吊装方法和加载程序；缆索的类型、规格、使用范围及特点，各类缆索的组成材料及其主要技术要求，缆索的运输、架设和维护；缆索的锚固系统及施工方法和防护系统及性能特点；主要材料的实验项目及方法，成品吊索的质量验收、控制标准；斜拉桥和悬索桥的施工工艺和施工控制。

④转体施工法的适用范围、特点以及施工工艺。

12.2.2 生产技术、生产管理和技术革新方面

在现场技术人员指导下，担负一部分生产技术、生产管理和技术革新等方面工作。具体如下：

（1）测量工作。

（2）施工质量检查与验收。

（3）工程统计、编制施工图预算。

（4）协助处理施工中遇到的实际问题，参与技术革新研究工作。

（5）根据施工图，开列材料加工单、限额领料单、工程任务单。

（6）拟定施工方案、技术措施、编制作业计划。

12.2.3 有关生产会议

参加有关生产会议，如图纸会审、技术交底、生产调度、安全技术及质量管理、施工方案的讨论。

12.2.4 专题调查研究

根据具体情况，在实训指导人的指导下，对新工艺、新技术作系统、深入的调查研究。

此外，学生还可以学习有关道桥材料、施工机械、结构构造、施工、监理及管理方面的文档资料编制。学生在实训期间还必须参加适量的生产劳动，深入调查研究，按时完成实训指导人所布置的专题作业和技术总结。如实训单位需要，学生还可以完成其特定的有关业务工作。

12.3 实训要求

（1）了解所参加实训工程的性质、规模、功能及施工组织设计所提出的主要技术经济指标。

（2）掌握施工技术操作规程和质量验收标准，熟悉所实训项目的具体内容与做法。

（3）熟悉现场常用设备的名称、规格、性能、适用条件和效率指标。

（4）掌握主要工程材料品种、规格、性能、技术标准与检验方法。

（5）严格遵守劳动纪律，不迟到、不早退、不串岗。

（6）严格遵守操作，贯彻有关安全法规，注意人身安全。

（7）坚持写好施工日记，注意积累有关资料。积极参加技术交底会、图纸会审等现场技术会议。

（8）实训中服从领导、尊重师傅，主动完成交给的任务。

实训结束后，认真完成实训日记和实训周记，并写出实训总结，实训成绩计入学籍档案。

12.4 实训成果

12.4.1 实训日记和实训周记

实训日记和实训周记是积累实训收获的一种重要方式，也是实训成绩考核的一部分。学生必须根据实训要求逐日、每周记录实训内容、心得体会、发现问题及改进措施。为了帮助学生记好实训日记和实训周记，提出以下几项要求：

（1）记录每天的实训地点、时间、实训内容以及完成情况。

（2）记录工程实践中体会、发现的问题和自己设想的改进措施。

（3）记录工程概况、结构特征、主要结构详图、施工方法、施工机具、施工进度计划、施工平面布置、工程造价、组织机构及职能、主要技术措施等。

（4）详细记录工程技术人员的技术报告以及提出的主要问题。

（5）做好专业资料的积累工作，以便于编写生产实训报告，培养自己独立思考、观察和收集资料的能力。如收集结构构造和布局特点，新材料的特性，新施工方法及其效果，施工机械的技术性能，劳动力优化组织及其工作分工安排，承包商和业主组织机构及其职能，计量及质量检验等。

实训日记必须坚持逐日记录，实训周记每周记录一次，是对本周内容的小结。实训日记和实训周记要做到图文并茂，每篇不宜少于3 000字。实训指导人和教师随时抽查学生的实训日记和实训周记，并给予指导。实训结束时，应将实训日记和实训周记交实训指导人评阅、签字。

12.4.2 实训报告

实训结束前，学生应在实训日记的基础上，对参加生产实训的全过程进行分析和总结，写出实训报告。其内容包括：

（1）实训概况及管理机构组织系统等。

（2）主要实训内容：列出根据设计或施工单位的安排，本人所参加的内、外业工作，听取的技术报告，参加的专业劳动等。

（3）通过本人所参加实训的主要内容，选择自己认为可以反映自己实训收获的主要实训内容，有重点地、比较系统地进行编写。如单项工程施工方案，单项工程施工组织设计，新技术措施的采用，新工艺的推广和使用情况，新型施工机具的使用，工程施工监理和质量验收，施工现场的平面布置，劳动组织的优化组合，安全技术措施等。

（4）个人心得体会：报告反映的是自己通过亲身实践，从理论到实践所深刻领会的内容。包括政治思想上的和工程技术上的收获以及对现有以工程技术内容为状况的改进设想。

（5）专题作业、技术总结及生产参观。

（6）对今后实训工作的建议。

实训报告是评定实训成绩的重要依据之一，它不仅反映学生实训的深度和质量，而且反映了学生分析和归纳问题的能力，实训报告应图文并茂、简明工整、科学系统，总字数不少于4 000字，并于实训结束时，交实训指导人评阅、签字。

12.5 成绩考核

企业顶岗实训是必修课程，实训结束后，由指导教师评定成绩，成绩按优、良、中、及格和不及格五级评定，并列入本人学籍档案，不及格者必须重修此项实训。

实训结束后，由指导教师根据学生实训日记、实训报告、理论联系实际分析问题和解决问题的能力，结合平时实训中的表现、劳动态度以及遵守纪律等情况，全面地写出评语。最后，由指导教师根据上述情况以及答辩成绩进行综合成绩评定。

实训成绩评定方法：

(1) 实训认真、遵守纪律，能按时报到和结束，无无故缺勤且完成任务较好，实训日记和实训报告质量高，有独特见解或合理化建议，独立工作能力较强者，成绩为“优”。

(2) 实训期间纪律较好，实训日记和实训报告能较好地满足要求，质量较高，有一定的工作能力者，成绩为“良”。

(3) 实训日记和实训报告能满足要求，质量尚好者，成绩为“中”。

(4) 能完成实训日记和实训报告，但质量一般者，成绩为“及格”。

(5) 实训日记和实训报告不合格，或实训期间表现差，有严重违反纪律者，成绩为“不及格”。

附 表

附表一 水准仪的认识及使用实训报告

日期____________班级____________组别____________姓名____________学号____________

水准测量手簿

测站	点号		后视读数/m	前视读数/m	高差/m +	高差/m −	备注
	后						
	前						
	后						
	前						
	后						
	前						
	后						
	前						
	后						
	前						
	后						
	前						
	后						
	前						
	后						
	前						
检核	Σ						

实训场地布置示图

实训总结	

附表二 水准路线测量实训报告

日期________ 班级________ 组别________ 姓名________ 学号________

水准测量手簿

测站	点号		后视读数/m	前视读数/m	高差/m		高程/m	点号	备注
					+	−			
	后								
	前								
	后								
	前								
	后								
	前								
	后								
	前								
	后								
	前								
	后								
	前								
	后								
	前								
检核	$\sum$								
					$\sum_h=$				

待定点高程计算：

（1）高差闭合差 $f_h=$

（2）允许闭合差 $f_{h允}=\pm 12\sqrt{n}$

（3）各段高差改正数

（4）各段改正后高差

（5）待定点高程

（6）水准点高程

实训场地布置示图

实训总结

附表三 微倾式水准仪的检验与校正实训报告

日期____________班级____________组别____________姓名____________学号____________

一、圆水准器轴应平行于仪器数轴的检验与校正

检验次数	气泡偏移量/mm	是否需校正	校正后情况

二、十字丝横丝应垂直于仪器数轴的检验与校正

检验次数	偏差是否明显	是否需校正	校正后情况

三、水准管轴应平行于视准轴的检验与校正

水准尺读数			高差/m	平均高差/m
第一次	a		$h_1=$	$h=(h_1+h_2)/2$
	b			
第二次	a		$h_2=$	
	b			

仪器在 B 点附近求角值/(″)

次数	B 点读数 b_2/m	正确前视读数 a_2/m	前视读数 a_2/m	i 角值/(″)	是否需校正
1					
2					
3					
平均					

续表

校正后情况	
仪器在 AB 两点中间	仪器在 B 点附近
实训场地布置示意图	
实训总结	

附表四　经纬仪的认识和使用实训报告

日期__________班级__________组别__________姓名__________学号__________

<table>
<tr><td colspan="6">测回法记录手簿</td></tr>
<tr><td>测站</td><td>盘位</td><td>目标</td><td>水平度盘读数/°′″</td><td>半测回角值/°′″</td><td>一测回角值/°′″</td></tr>
<tr><td rowspan="4"></td><td rowspan="2"></td><td></td><td></td><td rowspan="2"></td><td rowspan="4"></td></tr>
<tr><td></td><td></td></tr>
<tr><td rowspan="2"></td><td></td><td></td><td rowspan="2"></td></tr>
<tr><td></td><td></td></tr>
<tr><td rowspan="4"></td><td rowspan="2"></td><td></td><td></td><td rowspan="2"></td><td rowspan="4"></td></tr>
<tr><td></td><td></td></tr>
<tr><td rowspan="2"></td><td></td><td></td><td rowspan="2"></td></tr>
<tr><td></td><td></td></tr>
<tr><td colspan="6">实训场地布置示意图</td></tr>
<tr><td>实
训
总
结</td><td colspan="5"></td></tr>
</table>

附表五 竖直角的观测及竖盘指标差的检验与校正实训报告

日期__________班级__________组别__________姓名__________学号__________

竖直角观测手簿

测站	目标	盘位	竖盘读数 /°′″	半测回角值 /°′″	指标差 /°′″	一测回角值 /°′″	竖盘注记形式
		左					
		右					
		左					
		右					

竖盘指标差的检验与校正

仪器安置点	目标	盘位	竖盘读数 °′″	竖直角 °′″
		左		
		右		
检验	计算 $X=(\alpha_L+\alpha_R)/2$			
	是否需校正			
校正方法				

实训场地布置图

实训总结	

附表六　经纬仪的检验与校正实训报告

日期________ 班级________ 组别________ 姓名________ 学号________

一、一般检验记录

检验项目	检验结果
（1）三脚架是否牢固	
（2）脚螺旋是否有效	
（3）水平制、微动螺旋是否有效	
（4）望远镜制、微动螺旋是否有效	
（5）照准部转动是否灵活	
（6）望远镜转动是否灵活	
（7）望远镜成像是否清晰	

二、照准部水准管轴应垂直于仪器竖轴的检验与校正

检验结果	检验项目	
	第一次	第二次
校正前水准管气泡偏移量		
校正后水准管气泡偏移量		

三、十字丝竖丝应垂直于仪器横轴的检验与校正

检验项目	检验结果
校正前十字丝竖丝偏移情况	
校正后十字丝竖丝偏移情况	

四、视准轴垂直于仪器横轴的检验与校正

方法一	项目	第一次	第二次
校正前	$\alpha_{左}$		
	$\alpha_{右}$		
	$\alpha_{中}=[\alpha_{右}+(\alpha_{左}\pm180°)]/2$		
方法二	项目	第一次	第二次
横尺读数	盘左 B_1		
	盘右 B_2		
	$(B_2-B_1)/4$		
	$B_3=B_2-(B_2-B_1)/4$		

五、仪器横轴应垂直于仪器竖轴的检验与校正

项　目	第一次	第二次
AB 两点间距		

六、实训总结

附表七　钢尺量距和磁方位角测量实训报告

日期__________班级__________组别__________姓名__________学号__________

距离丈量和磁方位角测定手簿

线段名称	观测次数	整尺段数 n	零尺段长度 l'/m	线段长度 D' $D'=n\cdot l+l'$ /m	平均长度 D/m	精度 K	观测磁方位角/°′	平均磁方位角/°′	备注

实训场地布置示意图

实训总结	

附表八 钢尺精密量距实训报告

日期________班级________组别________姓名________学号________

距离丈量和磁方位角测定手簿										
线段名称	实量次数	整尺段数 n	后尺读数 /m	尺段长度 /m	温度 /℃	高差 /m	温度改正数 /mm	尺长改正数 /mm	倾斜改正数 /mm	改正后尺段长 /m
$A-1$	1									
	2									
	3									
	平均									
1−2	1									
	2									
	3									
	平均									
…					…				…	…
$4-B$	1									
	2									
	3									
	平均									
总和										
实训场地布置示意图										
实训总结										

附表九　大比例尺地形图测绘实训报告

测　站________　高　程________　日　期________　观测者________　仪　器________
班　组________　记录者________

点号	视距 /m	瞄准高 v /m	水平距离 /m	高差 h /m	高程 H /m	备注
实训总结						

附表十　已知点位的测设实训报告

测　站＿＿＿＿＿　高　程＿＿＿＿＿　日　期＿＿＿＿＿　观测者＿＿＿＿＿　仪　器＿＿＿＿＿
班　组＿＿＿＿＿　记录者＿＿＿＿＿

<table>
<tr><td colspan="5">点的平面位置测设、检测记录</td></tr>
<tr><td>测站</td><td>测设水平角/°′″</td><td>检测水平角/°′″</td><td>误差/°′″</td><td>限差/°′″</td></tr>
<tr><td rowspan="3"></td><td></td><td></td><td></td><td></td></tr>
<tr><td>测设水平距离/m</td><td>检测水平距离/m</td><td>相对误差</td><td>限差/mm</td></tr>
<tr><td></td><td></td><td></td><td></td></tr>
</table>

<table>
<tr><td colspan="9">点的高程测设、检测记录</td></tr>
<tr><td rowspan="2">测站</td><td rowspan="2">水准点
高程/m</td><td rowspan="2">后视
读数/m</td><td rowspan="2">视线
高程/m</td><td rowspan="2">待测点
设计高程
/m</td><td rowspan="2">前视尺
应读数
/m</td><td colspan="2">检测</td><td>备注</td></tr>
<tr><td>读数</td><td>误差</td><td></td></tr>
<tr><td></td><td></td><td></td><td></td><td></td><td></td><td></td><td></td><td></td></tr>
</table>

<table>
<tr><td colspan="2">实训场地布置示意图</td></tr>
<tr><td>实
训
总
结</td><td></td></tr>
</table>